歴史文化ライブラリー

593

平安京の生と死

祓い、告げ、祭り

五島邦治

吉川弘文館

目次

御霊と疫病

浄土へのあこがれ

あの世とこの世――プロローグ

1　あの世とこの世

死者との対話

平安時代の死者は、けっこう饒舌である。光源氏の前に出現した父桐壺《きりつぼ》帝の亡霊は、源氏に須磨を出て明石に船を漕ぎ出せといったあと、自分はあの世から困難な道を来たので疲労困憊しているが、これから行かなければならないところがある、というし、菅原道真《すがわらのみちざね》は、巫女の多治比《たじひの》あや子に託宣して自分を祀るべき場所を指定し、その地で生前遊んだときの風景が今でも思い出される、といった。

身分の高い人物だけではない。三善為康《みよしためやす》の著と考えられる『後拾遺往生伝《ごしゅういおうじょうでん》』には、豊前権守の娘の往生した話がある。熱心な持経者《じきょうしゃ》で毎晩法華経の要文《ようもん》を読み、物乞いには必ず施し、ことあるごとに念仏を唱える。出家受戒して法号を阿妙といった。長治元年

(一一〇四)の亡くなる直前、二男一女が母に、死後必ずどこに生まれ変わったのかを知らせてほしい、というと、母は承知したようすをみせてしばらく念仏を唱え、そのまま亡くなった。その後ひとりの子の夢に母が現れて次のような話をするのである。

(母)生まれ変わった場所(生所)には鐘撞き堂があって瑠璃でできています。また屋根が幾重にも重なった堂があって、七宝で荘厳《しょうごん》されています。そして五色の蓮花が池一面に咲き誇っていますよ。

(子)宇治の御堂《みどう》(現在の平等院鳳凰堂)のようですか。

(母)どうしてそんなことを聞くの。

(子)子どもたちが歌う童歌で「極楽を不審に思うなら、宇治の御堂を拝みなさい」というからです。

(母)匠が技術の粋を尽くして造ったかもしれないけれど、本物とは似るべくもないよ。

まるで電話をしているような調子で親子の会話が進んでいる。

こうして亡くなった者はあの世にあっても、この世に生きている者と、生きているときと同じような口調で語りかけ、同じような態度で接するのである。もちろん当時の人にも、生と死は越えられない隔てがあることはよくわかっていた。しかし死者のことばは定期的に、あるいは随時、さまざまな方法で伝達される。生者に伝える方法は、亡霊の姿だったり、夢の告げだったり、託宣だったりするが、その話しぶりはここで紹介したように、具体的で積極的である。けれどもそれは生きている人の、亡くなった人に対する思いに呼応しているのだと思う。

「如在《によざい》の礼」とか「如在の儀」ということばがある。死者に対してだけでなく、神全般に対しても使われるが、要するに生身の人間がまるでそこにいるようにていねいに応対し、礼を尽くすことである。たとえば鎌倉時代の史料であるが、摂政・関白を歴任した九条《くじょう》道家《みちいえ》の日記『玉蘂《ぎょくずい》』嘉禎元年（一二三五）閏四月三日条に、息子で四条天皇の摂政であった教実《のりざね》が二十六歳で亡くなったとき、その葬礼は「如在の儀」で行われ、葬列では庇《ひさし》車《ぐるま》という格式の高い牛車に遺体が乗せられ、摂関家の厩《うまや》の役である居飼《いかい》や随身《ずいじん》がそれに従った。それは彼の死が摂政の在任中であったため、摂政の礼法として彼が生存しているものとして行列をつくった、という意味である。

貞観五年（八六三）、早良《さわら》親王をはじめとする六人の怨霊《おんりょう》を鎮めるために神泉苑で行われた御霊会《ごりょうえ》という祭礼では、六人の霊の前にそれぞれ机に竹莚を設え、その上に花と果物が並べられて拝礼が行われた。さらに金光明経《こんこうみょうきょう》や般若心経《はんにゃしんぎょう》などの経典が説かれたあと、雅楽寮の楽人《がくにん》が音楽を奏して舞楽が舞われる。その次に雑伎《ざつぎ》（曲芸）と散楽《さんがく》（寸劇）が行われるのである。つまり御霊に対して生きている人間と同じようにご馳走が供され、音楽や舞、演劇の余興が披露されたのである。騎射・駈け馬・相撲などを行ったりもする。生きている人と同じようにもてなすこの「如在の礼」は、死者や御霊だけでなく、現在の多くの神社の祭礼で神事として行われていて、日本の祭礼の特徴になっている。日本人の死者や神（基本的に相通うものがある）に対する最高のもてなしの仕方ということができる。そしてその饗応に対して、死者や神のほうも、生きている人々に対して親しくことばをかけてくるのである。

生者と死者の親近性

古代における生者と死者の親近性は、生者の死者の遺骸に対する態度にも反映している。民俗学者の高取正男氏は、その著『神道の成立』のなかで、古代の人間は死者ともっと近しく、死体を忌避しなかったであろうと述べている。『日本三代天皇実録』貞観八年（八六八）九月二十二日条で、平安京の東郊にあたる山城国愛宕郡神楽岡《おたぎぐんかぐらおか》のあたり（現代の吉田山付近）は、賀茂御祖神社《かものみおやじんじゃ》（下鴨神社）の近くなので遺骸を埋葬することを勅をもって禁じた、という記事を紹介して、もし一般の人に、死体を葬って神地を汚したりすると神の怒りを受ける、という観念があったならこんな勅が出される必要はなかっただろう、と述べている。それどころか、愛宕・葛野郡《かどののぐん》の人にはもともと死者を家の側に葬る風習があったという。政府はこれを京都に近くて穢れの恐れがあるとして禁じた（『類聚国史』所引『日本後紀』延暦十六年正月二十五日条）。平安時代の朝廷と公家世界では極端に死の穢れを嫌うことはよく知られているが、そのようになったのは中国の政治制度の導入と仏教の影響で、浄穢《じょうえ》観念が発達した貴族社会からはじまったらしい。古代の日本人はそれほど死と死者を穢れた忌み嫌うべきものとは思わなかったのである。

本書の「平安貴族の死生観」では、まず平安時代の人々の遺骸に対する意識をみてみよう。遺骸に対する思いはそのまま故人への思いを反映している。「御霊と疫病」では死者の霊がどのように現実社会に関わるのか、とくに御霊がもたらすと考えられる疫病の流布やその後の祭礼のあり方についても言及したい。「浄土へのあこがれ」では、浄土へのあこがれという現世否定の社会について述べる。そうした現世の放棄が、反対に現実社会の文化をつくることになった。「あの世の伝達者」では死者のことばを伝える人たち、とくに巫女とよばれた人たちのことを述べる。彼女たちは社会的にも権威をもち、その能力と権益は子孫に継承された。「異界との境界」では生と死の世界が、現実の京都という地理のなかで位置づけられ、その境界では霊力が起こると信じられたこと、それが現在でも習俗や伝説として残っていることを述べることになるだろう。

平安貴族の死生観

美しい遺体

夕顔の死

『源氏物語』の「箒木《ははきぎ》」に、俗に「雨夜の品定め」といわれる場面がある。長雨がつづいたころ、光源氏や親友の頭中将など若い同年代の公達《きんだち》が集まって、無聊《ぶりよう》を慰めがてら女性談義をするのである。そのなかで頭中将が、上流の女性ではなく中流階級の女性のなかにこそ深い情のある人がいるものです、といって、なでしこの花とともに歌を送ってきた女の話をする。けっきょくその女は行方がわからなくなり、今では悔やんでいるという。

そんな話に触発された光源氏は中流身分の女性に関心を示すようになるのだが、そんな折しも乳母《めのと》の病気見舞いに五条の家を訪ねる。平安京の五条というのは、貴族の上級屋敷の多い北部とは対照的に、都市民の集住する地区であった。家来の惟光《これみつ》が牛車を引き入れるため門を開けさせる手配をしている間、源氏が車の中から見慣れない下町の大路のようすを眺めていると、檜垣《ひがき》のある清楚な家の垣根に白い花が咲いているのが目に入る。警固の随身《ずいじん》に「夕顔」という名の花だと教えられて、一房採ってくるように命じる。随身がその花を採りに入ると、家の中から女童が出てきてこれに載せて差し上げなさいと、扇を差し出してくれるのである。

ちょうど門を開けて帰ってきた惟光から、扇に載せられた花は源氏に献上されたのだが、乳母の見舞いになったので、扇の花はそのままになっていた。見舞いが終わって家を出る段になって思い出した源氏が、惟光に命じ紙燭《しそく》の光を召して扇を見てみると、そこには明らかに自分のことを知っている内容の歌が書かれている。これに興味をもって何とかこの女性に会ってみたい、と思った源氏は、惟光にその仲介を頼むのであった。この女性が、花の名にちなんで夕顔といわれる人である。

実はこの女性こそ先の女性談義で頭中将が述懐していた人だったのであるが、源氏はこの女性と関係をもつ。八月十五日の名月の光が屋根の透き間から床《ゆか》に降り注ぐような、五条の民家で過ごした源氏と夕顔は、朝方になって付近の「なにがし院」に移る。この「なにがし院」は六条京極にあった左大臣源融《みなもとのとおる》の河原院という大邸宅を想定しているとされてきたのは、融の没後、彼の亡霊がたびたび出現する、きわめて怪しい場所だったからである。

宵を過ぎたころ、源氏は夢を見る。枕の側に美しい女性がいて「もっとすばらしいと思っておられる女性がいるのにこのような何の取り柄もない人を寵愛なさるなんて」といって源氏の傍らに寝る夕顔を起こそうとするのである。悪霊の気配を感じた源氏が魔除けのために刀を抜き枕元に置いて起き上がると、あたりは真っ暗であった。夕顔を探ってみると、息もせず、動かしてもなよなよとするばかりである。家来から紙燭を持ってこさせて見てみると、枕元に先ほど夢で見た女の姿がみえてふっと消えた。これが六条御息所《みやすどころ》の生き霊である。

これ、と呼びかけて起こすのだけれど、ただ冷えに冷えて息はとっくに絶え果てている。何といいようもない。頼って相談する人もいない。こんなときには修験の法師などを依頼するのだろう、気は強く張るのだけれど、やはり若い人である。もう手のつけようもなくなってしまったのを見ると、どうしようもなくて、ぐっと抱きしめて、「愛する人よ、生き返ってください。私をつらい目に会わせないでください」

とおっしゃるけれど、冷たくなってしまって、生きているという感触が失われていく。『源氏物語』では夕顔の死ぬようすをこのように書いている。最初に会ってからまだ間もないし、「なにがし院」で怪奇が起こってからは、彼女は一言も発せず、源氏が気づいたときにはもう意識もなかった。あっけなく亡くなってしまう。本物の夕顔の花のように、わずかの間咲いたあとは、萎んでしまった。

しかし物語はここで終わるのではない。むしろ本書の関心は、この後のほうにある。

鳥戸野の遺体

ようやく駆けつけて来た惟光は、ことの重大さに冷静である。夕顔のいた五条の家に知らせたなら噂は大きくなるだろう、自分が古くから知っている女房が尼になって東山にひっそりと住んでいる、そこに遺体を移そう、あとは自分に任せて、源氏は馬で一刻も早く二条院に戻って何事もなかったようにお過ごしなさい、と勧める。源氏は自邸に帰ってみたものの気も動転するばかりで、人を寄せつけないで籠もっている。惟光が戻ってきて葬儀の段取りをつけたことを報告すると、源氏はやっぱり自分が行ってもう一度遺体を見ないことには気持ちが収まらない、と思い直し、忍び姿の狩衣《かりぎぬ》で東山に出立するのである。行き先は、東山の葬送地として知られた鳥戸野《とりべの》（鳥辺野）である。この鳥戸野については、このあとでもう少し詳しく述べることにしよう。

源氏が十七日の月の照らす鳥戸野に向かう坂道を、前駆《ぜんく》の者の燃やす松明《たいまつ》の火を頼りに馬で登っていくと、殺伐とした景色のなかに尼の修行する堂と板屋が見える。板屋からは灯明の光が漏れて、女の泣く声がする。夕顔に従う女房の右近の声だと察して、中に入るとまさしく夕顔の遺体が安置された場所であった。

中へ入ってご覧になると、灯火を背けるようにして遺体は安置されていた。右近は屏風を隔てて伏している。どんなにか寂しかっただろうと源氏は夕顔をご覧になる。恐ろしい感じもまったくなく、ほんとうにかわいらしいさまをして、まだ生きていたときと変わるようすもない。手を捉えて、

「私にいま一度声だけでも聞かせてください。どんな昔の縁によるのでしょうか。ほんのちょっとの間、心から思いを通わせたと思ったのに、私を捨てて困憊《こんぱい》させることがつらい」

と、声も惜しまずはげしくお泣きになる。

夕顔の遺体を見てかわいいといい、手をとって嘆き悲しむ、という行為は、源氏の夕顔に対する思いの表れといえばそのとおりであろうが、先の夕顔が亡くなる際のあっけない

描写に比べるとはるかにていねいで、情緒的である。少なくとも、私たち現代人の遺体に対する一般的な恐れ、あるいは尊厳のような感覚はない。作者の一見冷徹ともみえる観察眼を通した向こうにあるのは、むしろ愛着といったことばがふさわしい感性である。

しかし、この遺体に対する『源氏物語』の愛着表現は、けっして夕顔の場合だけに限ったことではない。

紫の上と葵の上の場合

源氏の最愛の人とでもいうべき紫の上であるが、長らく病床にあって、最期は見舞いに来た養女の明石の中宮に「もうあちらへお行きなさい」といったあとは、宮に手をとられたまま意識を失う。

以前もこんなふうに危篤状態から生き返ったこともあったと、物の怪の仕業かと疑って、一晩中さまざまの手を尽くしたけれど、その効もなく夜が明けきるころに消え果てられた。

と、ここでもその死の描写は、そっけないものである。

源氏と亡き葵の上の間の子である夕霧は、義母の紫の上とは別の邸宅で育てられ、直接彼女の顔を見ることも声を聞くことも許されなかったが、一度だけ野分《のわき》の風で几帳などが撤去されていたとき、妻戸《つまど》の隙間から覗き見したことがあって、その美しさにあこがれのようなものを抱いていた。その紫の上の死に際して、お顔もお声ももう二度と見聞きすることができないという悲しみで、せめて亡骸だけでももう一度拝見したいと、女房が慌ただしくとり込み、源氏が何か仰っている隙に、遺体を隔てている几帳の帷《とばり》を引き上げて覗くのである。

夜もほのぼのと明けようとしている光がまだ頼りないので、源氏は灯火をかざして紫の上の遺体をご覧になっていた。このうえなく愛くるしく、上品で美しい紫の上のお顔を自分だけで見るのは惜しいと思われて、源氏は夕霧がこのように覗き見るのを、しいて隠そうとはせず、そのままお許しになるようでした。

生前は見せることのなかった紫の上の姿を、亡くなってからは源氏が息子の夕霧にも見せるのを許した、という話であるが、物語作者は亡くなる時点のようすをドラマティックに描写することよりも、この死後の遺体の美しさのほうに思い入れがあるようにみえる。遺体はむしろ生きている世界の延長にあるものだと考えられている。

源氏の前の正妻、すなわち夕霧の母である葵の上の死の場合もみてみよう。若君（夕霧）を生んだあと、物の怪に何度も苦しみながら衰弱し、葵の上は死んでしまう。それはちょうど殿舎の人少なのときで、あまりにも急だったので内裏にいる父左大臣や夫の源氏に知らせる間もなかった。

以前、物の怪がたびたび葵の上にとりついて生き返ったことを考えて、御枕もそのままに二、三日、遺体のようすをみたけれど、次第に様変わりして死相が表れてきたので、もうこれを限りとお思いきられるのは、だれもみな悲しいことである。（中略）人がいろいろ勧めるのに従って、蘇生術や招魂の法を残りなく試みられ、そのいっぽうで遺体は傷んでいくのを見るにつけても、まだ諦めきれないが、その効果もないまま数日を経たので、やむをえず鳥戸野にお送りするのは、痛ましいことも数多くあった。

亡くなってから、遺体をしばらく置いたのはもしかすると蘇生するかもしれないという故人に対する思いであるが、やがて死相が表れ、もう生き返るようすもないと諦めた時点で、葬送が行われた。生から死への過程は、徐々に薄い色から濃い色へと連続したグラデーションのなかにあった。

こうした遺体に対する愛着は何も『源氏物語』に限ることではない。物語は現実の実態を反映していたことがわかるだろう。

遺骸への執着

万寿二年（一〇二五）八月五日、藤原道長の娘で東宮敦良《あつなが》親王（のちの後朱雀天皇）の妃であった嬉子は、親仁《ちかひと》親王（のちの後冷泉天皇）を出産したあと、にわかに苦しんで亡くなってしまう。十九歳の若さであった。道長は一条天皇后の彰子、三条天皇后の妍子、後一条天皇后の威子などの娘を後宮に入れていたが、なかでもこの嬉子を溺愛していたので、その悲しみはひとしおであった。そこで陰陽師の勧めによって寝殿の東の対の屋根の上に昇って嬉子の着ていた衣を振らせる魂喚《たまよばい》（招魂の法）を行わせる（『小右記』『左経記』）が、それも効果がなかった。

『栄花物語』（「楚王のゆめ」）には、そのときの嬉子の遺体のようすが述べられているが、その描写は現代の私たちにとっては、耽美にすぎたいささか異様とも思えるものである。しばらくの間、枕も何もかもそのままにして遺体を置いておかれたが、一晩が明けたところで心残りに思いながらも、死者の例に従って几帳を表裏逆に、屏風を上下逆さまに置き直すなどし、道長夫婦はそれぞれ灯をとり寄せて、遺体のほうに掲げてご覧になると、嬉子の姿はまったく亡くなった人とも思えない。白い薄衣を何枚か襲《かさね》にして着られ、またお産のための腹帯もされたままでいらっしゃる。透いて見える胸がたいへんかわいらしく、硬くなって張っておられるので、白く丸々となっていて、美しいさまで横たわっていらっしゃる。長い髪の毛が豊かにゆったりとあるのを緩く結んで、枕元に置かれている。そんなさまは人を驚かせるようで、まるで寝ていらっしゃるようなのをご覧になって、父君も母君もふたたびお泣きになるのでした。

プロローグで述べたことであるが、平安時代の朝廷を中心とする貴族社会では、とくに死穢に対して厳格な禁忌があった。嬉子の死の場合も、夫である東宮の敦良親王は穢れを恐れて直接見舞うこともなく、葬礼にも加わらない。関わるのは道長とその息子たちであるが、関白である頼通《よりみち》は衰日《すいにち》（陰陽道で慎むべき日）を理由に加わっていない。

けれどもいっぽうで高取正男氏が指摘したように、当初の平安京内では屋敷の側に遺体を埋めることがふつうに行われていた。朝廷はこれを禁じて平安京の南郊の佐比河原《さひのかわら》とよばれる鴨川と桂川の合流地帯を墓地に指定したのである。これについて高取氏は、日本人はもともと死穢の意識がなく、大陸の政治思想や仏教の浄穢観が入ってきて死の穢れを避けるようになったのだと説明している。そうした死穢の禁忌のシステムが確立したのちも、近親者や愛する人の死に対しては、変わらず以前と同じように愛着をもって遺体に接したのであろう。

火葬を許さず

とくに『源氏物語』や『栄花物語』といった物語は、人間の感情や機微を重要なモチーフとしているのでそうした側面が強調されているのかもしれない。けれども男性がもっぱら儀式や政務の先例を書き留めた漢文の日記のなかも、丹念に読めばそうした記述に出会うことがある。

たとえば、権中納言藤原行成《ゆきなり》の日記『権記《ごんき》』の寛弘八年（一〇一一）七月十一日条には次のような記事がある。

夕方酉刻（六時ごろ）松前寺《まつがさきでら》に向かう。亥四刻（十一時ごろ）、母と祖父源中納言保光《やすみつ》（すなわち行成の母とその父）の「御骸骨」を改葬する。去る長徳元年（九九五）正月二十九日、母が亡くなり、同じ年五月九日に祖父保光もまた逝去された。母が亡くなったとき祖父は存命していたが、母（祖父保光にとっては娘）の火葬を許さなかった。そこで松前寺の垣の西の外に「玉殿《たまどの》」を造り遺体を安置したのである。これは祖父中納言が在世中に行われたことである。その祖父がお亡くなりになったとき、また遺言によってその遺体を同じように「北山幽閑之地」（母の墓所）に安置したのである。そして今に至るまで改葬していない。去る五日、陰陽師の大炊頭光栄《おおいのかみみつよし》朝臣を招いて、改葬したい旨を相談した。かの朝臣がこれをよしとしたので、この日の改葬になったのである。季信《すえのぶ》朝臣・理義《まさよし》朝臣・全《またう》朝臣・輔忠《すけただ》朝臣・茂信《しげのぶ》らが私に従ってかの寺に向かい、寺の預僧邦祈《ほうき》がこのことを勤めた。時間が迫っていたので、まず北の舎代（屋舎）のもとに到り、季信朝臣らに、御棺（祖父のヵ）に火を付けさせた。また西倉代に到って、輔忠朝臣・邦祈・理義らに（母の棺にカ）火を付けさせる。明けがたになってことがすべて終った。

原文は漢文体の日記で、簡潔な文章で要領よく、事実だけを述べている。それによると「松前寺」に安置された亡母とその父故源中納言保光（つまりは行成の祖父）の「骸骨」をこの日改葬したというのである。「松前寺」というのはおそらく「まつがさきでら」と読むのであろう。現在の京都市の北郊、五山の送り火で有名な「妙法」の麓、松ヶ崎にあった寺である。正暦三年（九九二）保光はこの地に円明寺という寺を創建していた（『日本紀略』同年六月八日条）が、松前寺はその別名だと考えられる。改葬の理由というのは、長徳元年正月二十九日に行成の母が疫病のために亡くなったのであるが、彼女の父源中納言保光は、娘の死に接して遺体を火葬することを許さず、垣外に「玉殿」を造って遺体を安置したという。「玉殿」は霊殿（霊屋《たまや》）で、遺骸を祀る施設である。元来日本では、火葬が一般的になる以前は、殯《もがり》といって遺体を一定期間安置し、そのあと正式に葬るという習慣があった。その殯の期間、遺体を安置しておくのが霊殿である。この時代はようやく火葬が一般的になりつつあったが、まだこうした土葬もしばしば行われていたときであった。ここでいわれる「玉殿」は臨時の殯の施設ではなく、遺骸をそのまま安置する建物であったのであろう。同じ年の五月九日に今度は父の保光が亡くなる。彼の遺体は遺言により「北山幽閑之地」、すなわち同じ「松前寺」の敷地に娘と並べて葬ったという。そしていつまでもこのままにしておくのはいけないと感じた行成は、陰陽師にも諮って、この日両人の遺骸を火葬し、場所を改めて葬ることになったのである。霊屋に安置されてからすでに十六年がたっていた。

翌日、行成は遺骨を焼いて灰にし、鴨川に流した。さらに二十日には、遺骨を納める三《さん》昧堂《まいどう》のような小堂を造るのだが、これらについてはあとで述べることにしたい。

藤原斉信の娘

この『権記』の行成母の死去に関わる記述は、たとえば『栄花物語』(「ころものたま」)の藤原斉信《ただのぶ》の娘(長家室《ながいえ》)の死を思い起こさせる。それは万寿二年(一〇二五)八月のことである。藤原為光《ためみつ》の子大納言斉信の娘は藤原道長の六男長家に嫁したのであるが、妊娠中に赤裳瘡《あかもがさ》(麻疹)に罹り、子を死産したのちみずからも亡くなってしまう。夫長家の悲嘆もさることながら、両親の斉信夫妻の惑いようはひとしおであった。それは彼らにとってただひとりの女子であったためで、彼らはこの子を懐に入れるようにしてたいせつに育てたからである。そこで、その死に際しても陰陽師に相談して、慣例どおりの火葬ではなく、遺体のままで東山の法住寺に納めようと考えた。

その法住寺には、北方の大門にその日のうちに築地を築き、檜皮葺《ひわだぶき》の堂をりっぱに造ってそのうちに遺体をお納めになる。あれこれの飾りつけをし牛車に乗せて運んだ遺体を、牛車の屋形のまま下ろして、堂にお納め奉る。その間の遺族の人々のお気持ちはどんなであっただろう。いいようもなくお惑いになる。すべての葬儀の作法を尽くして、もうこれでお別れと見申し上げるのもいいようがない。火葬であったら雲霧になり、当座の悲しみはあっても、そのあとは気も慰むであろう、けれどもこのたびは忘れることもあるだろうか、というので、大納言殿が法住寺へお参りに行った際にも忘れまい、とする気持ちからこのようにとり計らわれたのである。あきれるほどの悲嘆のなかでの葬送なのである。大納言殿はほんとうに何度も何度も嘆き悲しまれる。

こうして斉信は娘のことを忘れまい、法住寺に詣でたときは必ずそれを思い出そう、と遺体をそのまま法住寺内の霊屋に安置したのである。先の『権記』で、行成母の死に際して父源中納言保光が「火葬を許さなかった」というのもこれと同じで、わが子に対する寵愛が遺体を焼くことをためらわせたのではないか。

こうした死者を愛おしむ態度は、そのまま遺体に対する執着となって葬送の形に表現されているように思う。

葬地と墓地

広き野に葬る

『源氏物語』の夕顔の葬儀は、鳥戸野《とりべの》の寂しい夜の光景であった。けれども葵の上や紫の上の葬儀はもっと盛大な昼間の場面が描かれる。そのなかで葬地は、次のように「広い野」（原文は「広き野」）とよばれている。

あちこちの葬儀に参列する人々、寺々の念仏僧など、そこらじゅうの広い野に隙き間もない（「葵」・葵の上）。

遥々と見渡した広い野に参列者が居場所もないほどに立ち込んで、とても厳かな儀式が行われるのであるけれど、やがて煙となってはかなく立ち昇ってしまわれるのも、いつものこととはいうけれど、どうしようもないほどにつらい（「御法」・紫の上）。

葬地が広い野といわれるのは、鳥戸野だけでなくほかにもある。浮舟は、源氏の死後のいわゆる宇治十帖のなかで薫が通う女性として登場するが、薫とライバルの匂宮と関係をもってしまい、その葛藤の中で出奔する。家内のものは彼女は宇治川に身を投げてすでに死んだものと思い、世間体を考えて偽りの葬儀をする。遺体の代わりに彼女の寝具や身の回りの物を納めた牛車を、人も近づけず、事情を知った法師に焼かせるのであるが、その場所は「向かいの山の前なる原」であった（『蜻蛉』）。

道長の娘で三条天皇の后である妍子が、万寿四年（一〇二七）九月十四日に亡くなったとき、『栄花物語』（「たまのかざり」）によると、陰陽師の賀茂守道《かものもりみち》を召して葬送の場所を占わせている。その結果、「祇園の東に大谷と申す『広き野』がございます。そちらがようございますでしょう」といっている（『小右記』では「大谷寺北、粟田口南」とある。いずれも同じ場所で、鳥戸野の北に位置する）。もちろんこれらの場合は火葬なので、煙が昇る地形を選んだのかもしれない。けれども鳥戸野では、火葬以前からある一般的な土中に遺体を葬る斂葬《れんそう》が行われていたことを考えると、この「広き野」に葬るという行動には、日本人にある古くからの葬送の観念があるかもしれない。

平安京遷都直前の長岡京時代のことであるが、延暦十二年（七九三）八月に、政府は長岡京周辺の諸山に埋葬すること、ならびに樹木を伐採することを禁じている（『類聚国史』）。埋葬することと樹木を伐ることを同時に禁止しているのは、埋葬が樹木を伐ることを伴なって行われることを示している。それは葬地が広い原であることがよしとされたためではないか。

先に述べたように、政府が平安京の住民のために設定した葬地は、平安京に接してそれより南側、鴨川・桂川までの河原であった。これより少し後の平安中期に一般的となった、鳥戸野や岩陰・紫野《むらさきの》・船岡といった葬送地が山腹または山麓にあるのと比較するといささか意外な感じがする。木も生えないような荒涼とした河原地と墓地のイメージが一致しないのは、私たちの感覚かもしれないが、その共通点を考えるなら、それは空に向かって開放的であるということかもしれない。

墓に参ること

ところが、いったんこうして埋葬された遺体はその後あまりていねいには扱われないのが一般的である。のちには遺骨を納めて墓堂を造ったり、現在のように遺骨を納めて石塔を建てたりするといったことが行われるが、そうした個人の遺骨を納めて定期的にお参りするような、私たちの知っているいわゆる「墓」といったものではなかった。遺体を土に埋めた場所がそのまま墓であった。もう少していねいな場合は、しばらく遺体を放置したのち、骨を拾って改めて墓に納める（斂葬《れんそう》）のである。けれどもたしかに改めて墓を造るが、そこへ参ることは近親の遺族であってもまれであったらしい。

承平六年（九三六）八月に関白に任じられた藤原忠平《ただひら》は、翌月その報告のために醍醐天皇の後山科陵《のちのやましなのみささぎ》と父の関白基経《もとつね》の宇治墓所に参詣した。高取正男氏の指摘によると、帰ってから子の師輔《もろすけ》に墓参にちなんだ懐旧談をするのだが、そのなかで忠平の兄時平《ときひら》に話が及び、時平が自分の遺骨を父基経の墓の東南に埋めてほしいといったと述べたあと、前々太政大臣良房《よしふさ》（基経の養父）や内麿《うちまろ》大臣（良房の祖父藤原内麻呂）の墓もその辺にあるということだが、たしかな場所は知らない、といったという（『九暦』承平六年九月二十一日条）。良房は父基経の養父で人臣最初の摂政になり、摂関家の基礎を築いた人物である。また内麻呂はその良房の祖父に当たり、右大臣となって藤原北家の興隆を導いた人物である。そうした重要な祖先の墓所を忠平はさも当然のように知らないといったのである。

『源氏物語』には、源氏が父桐壺《きりつぼ》帝の御陵に参詣する場面がある（「須磨」）。それは宮中での朧月夜《おぼろづきよ》との関係が発覚して須磨に流される直前のことで、つまりお別れに行ったのである。

お墓への道は草がだんだん生い繁り、分け入りなさるにしたがって露が多くなるところへ、今まで照らしていた月も雲に隠れ、森の木立が深くなって物寂しい。お墓から帰り出るすべもわからない気持ちで参拝なさると、桐壺帝の生前のお姿がはっきりとお見えになる。その神々しさは知らず知らずに寒気を催すほどである。

天皇の墓といえどもふつうは参られることもなく、森の奥深くにあったのである。子の源氏であっても、このような特別のときにしか赴くことはない。道は、墓に向かうにしたがって草が生い繁り、木が鬱蒼《うっそう》とするのである。

藤原道隆の墓

『栄花物語』にも同じような場面がある。長徳二年（九九六）、内大臣藤原伊周《これちか》は弟隆家《たかいえ》とともに、花山法皇を従者に矢で射させた罪により、大宰権帥《ごんのそち》に左遷されるが、その前に木幡《こはた》にある父道隆《みちたか》の墓を訪れる（「浦々の別」）。

それから道隆の墓のある木幡に参詣なさる。月は明るいけれど、この場所はたいへん木暗いので、あのあたりだろうと推し測ってお参りになる。山の近くで馬からお降りになって陰鬱な気持ちで森の道を分け入りなさり、木の間から漏れ出る月の光を頼りに見てみると、卒塔婆や釘貫《くぎぬき》（卒塔婆を囲う柵）などがたいへんたくさんあるなかに、「殿がお亡くなりになったのは去年の今ごろのことだよ。だから少し新しく見えるはずだけれど、そのころから疫病が流行って人がたくさん亡くなっているから、いったいどれだろう」と、探し求めてお参りになった。墓前ではあれこれと訴えつづけ、身を投げ出してお泣きになったので、その気配を感じた山中の鳥や獣が声を合わせて鳴き叫ぶ。

卒塔婆や柵が乱立するなかで、どれが父の墓だろうかと探し求めた、というのである。先の源氏の桐壺帝御陵への参拝と同じように（伊周参拝の描写との関係を指摘する研究者も多い）、墓は荒涼とした森の中にあって、ふだんは人が近寄らないのである。

先に葬地は広い野が好まれたと書いたが、改葬されて遺体が納められる場所は、鬱蒼とした森の中が多い。大同元年（八〇六）八月二十五日に政府が出した法令によると、以前の法令に準じて、氏々の祖墓と百姓宅の周囲に樹木を植え、林にすることが許されている。

忌み負け

毎年十二月に、天皇が使者を遣わして近親の御陵と外戚の墓に幣《ぬさ》を奉る行事があって、これを「荷前《のさき》の使《つかい》」という。天皇は十陵、近親は四墓で、代替わりごとに変遷があったが、延喜年間には十陵八墓におおよそ固定している。その使者は参議《さんぎ》クラスの公卿《くぎょう》が勤めるのであるが、高取正男氏によると、九世紀には使者を忌避する公卿が続出してこれを行えないことがたびたびあったという。ときに参議兼右近衛中将であった藤原師輔は、承平五年（九三五）十二月の荷前の使を、催促の使者が来たのに「固き物忌《ものいみ》で他所に行っている」と居留守を使ってまで勤めなかった。彼の日記『九暦《きゅうれき》』によると、前日に父忠平が陰陽道に通じていた高階忠岑《たかしなのただみね》の言を引いて、物忌の日には神社や山陵に参拝してはいけないといったことをその理由として記している。高取氏は、民俗学で「忌み負け」とよばれることばがあることを紹介して、「何かの理由で活力の弱まっているときに神社や山陵に参り、明神のつよい霊威や陵墓の威力、死穢などに身をさらすのはよくない。それに負けて身を亡ぼすもとになる。じっと家のなかにとじこもり、忌み慎んで活力の回復をまたねばならないというのである」と説明している。遺体の埋まる墓は、そうした霊威のある場所として、日常的に参拝するようなところではなかったのである。

『源氏物語』にも、先ほどの源氏の桐壺帝山陵参拝以外に、墓参の記述はほとんどない。左大臣の妻大宮は亡き葵の上の母、すなわち源氏にとっては義母、夕霧にとっては祖母に当たる。とくに葵の上の死後、夕霧は幼いころ、この大宮のもとで育てられた。そんななかで同じ場所で育てられたいとこの雲居雁《くもいのかり》との恋も生まれるのである。叔父の左大臣は源氏への対抗意識もあって、この恋に反対だったのだが、大宮は密かに二人を応援していた。その大宮が亡くなって一周忌があり、夕霧もこれに参列するのであるが、大臣はこれを機会に二人の結婚を許そうとする。その一周忌は深草の極楽寺で行われるが、この寺は実在する藤原氏の代表的な氏寺である。藤原基経が仁明天皇の芹河《せりかわ》行幸に従ったときに、天皇が落とした琴の爪を探し求めた縁で建立された寺院で（『大鏡』）、付近には実母の墓や養父良房が建立した貞観寺もあった。また藤原忠平の兄左大臣仲平《なかひら》が亡くなったとき、遺体はこの寺に運ばれ、寺の東に葬送されている（『貞信公記』天慶八年〈九四五〉九月七日条）。物語で左大臣は藤原氏（そしておそらくその母の大宮も藤原氏）であり、この寺が大宮の一周忌の法要の舞台に設定されたのであろう。大宮の遺体もこの寺の近くに葬られたはずである。墓地近くのこうした寺院で法要が行われ、実際に遺体のある墓には参ることはないようである。

墓寺での供養

夕霧の親友で左大臣の子柏木は、蹴鞠《けまり》の庭で垣間見た源氏の若い正室女三宮のことが忘れられず、そのまま関係をもってしまう。柏木はその罪に苦しんで煩悶のなかで病気になり、ついに死ぬのであるが、その最期の病床を見舞った夕霧に、真相をほのめかし、源氏にことのついでにとりなしてほしいと託す。女三宮は柏木との間の子を生むことになる。これがのちに『源氏物語』後段の宇治十帖の主人公になる薫である。源氏は、女三宮の生んだ子が柏木の子であることに気づきながらも、今まで自分が犯してきた同じような罪を今度は自分が受けるその因果を思って感慨に耽ることになる。

さて、その柏木の一周忌が行われたことを物語は記すのであるが、その場所がどことも書かれない。ただ夕霧は、柏木の妻一条宮から預かった柏木愛蔵の横笛をどう処置しようかと悩んだとき、「おたぎ」と「かの心寄せの寺」に誦経《ずきょう》を依頼している。「かの心寄せの寺」のほうは柏木が生前に頼っていた寺というのだから、直接葬送地とは関係ないであろうが、「おたぎ」は「愛宕寺《おたぎでら》」のことである。『日本紀略』天長三年（八二六）五月十日に淳和《じゅんな》天皇皇子恒世《つねよ》親王を山城国愛宕郡鳥部寺南に、同年六月十日に嵯峨天皇皇女俊子内親王を山城国愛宕郡愛宕寺の南山に葬送した記事がみえる。「鳥部寺」と「愛宕寺」は同じような性格の寺であろうが、同じ寺の可能性がある。いずれにしろ鳥戸野近辺にあった寺であろう。この愛宕寺は、後世、鳥部野の入口に当たる、清水坂のいわゆる六道の辻にあって、お盆の精霊迎《しょうりょうむか》え（六道参り）で有名な珍皇寺《ちんのうじ》の通称にもなる。おそらく柏木の遺体は、鳥戸野に葬られていたのであろう。夕霧は直接柏木の墓に参ることなく、遺体の埋められた近くのこうした「墓寺」で供養したのである。

一般人の葬送

天皇や后あるいは高貴な貴族以外の、一般の人はどうだったのだろうか。先に遺体が埋められた場所がそのまま墓になった、と述べた。疫病が流行すると多くの死者が出、平安京内の道路には多くの死体が放置されたことはよく知られている。長保二年（一〇〇〇）の冬から翌年の七月にかけてもそうした疫病が蔓延した年で、「道路に放置された死骸は数知れない」といっている。けれどもそれにつづけて「ましてや斂葬された（土に葬られた）人たちについては何万人かわからない」といっているので、原則は土に葬られるのである。ただ、縁のない遺体や貧しいものは適当な場所に放置されたのであろう。

極楽浄土に往生を遂げた人物の伝記を集めた往生伝のひとつ『拾遺往生伝《しゅういおうじょうでん》』に、下道重武という人の話がある。彼は平安京左京九条の人で漁労と狩猟のいわゆる殺生を生業としていたが、永長二年（一〇九七）二月七日、漁労中ににわかに痛みを覚え、医者に見せると悪瘡ということであった。死期を悟った重武は、僧の勧めで七日間念仏を唱えつづける。そして七日目に、財産も親族もない自分の遺骸を拾って葬ってくれる人はない（「誰人収斂乎」）として、近隣の人々に見送られるなか、みずから八条河原の荒れ地に赴き、西に向かって座し、弥陀を口称《くしょう》してそのまま亡くなった、という。八条河原とは、八条

図１　『餓鬼草紙』に描かれる墓（東京国立博物館所蔵，出典：ColBase）

末の鴨川の河原のことであるが、先に政府が定めた平安京の葬送地である佐《さ》比河原《ひのかわら》へとつづく少し上流に当たる。川が氾濫して河原を洗うと、そのまま遺体は下流に流されてやがて海に到る。そんな定期的に流されてしまう河原地が葬送地になったのは、いったん葬られた遺体はすでに忘れ去られるからであろう。

『小記目録《しょうきもくろく》』によると、万寿三年（一〇二六）七月十五日、女法師が鳥戸野で焼身しているが、それも焼身自殺した鳥戸野が葬送地であってそのまままそこが葬所となったのである。

周忌など、時間がたってから亡くな

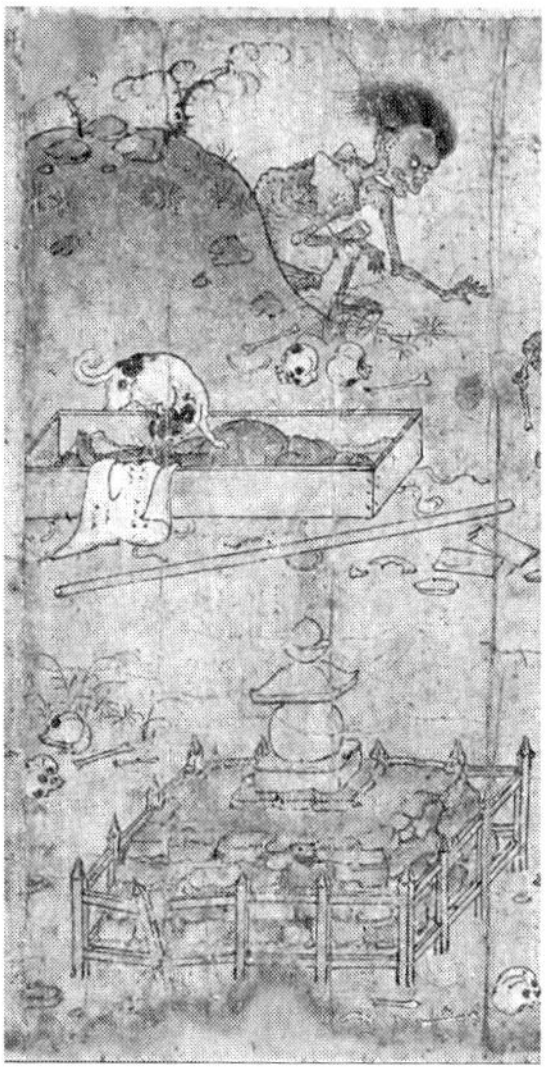

った人の供養に行くのは、一般の人たちも貴族の場合と同様、葬地の傍らや麓にある墓寺や供養塔のほうであった。藤原氏の場合は先にあげた極楽寺やのちに道長が建立する浄妙寺などが有名であるが、京都の都市民が亡くなった近親を弔うのは、佐比河原の近くにある佐比寺、先にもあげた鳥戸野の麓の愛宕寺（のちには珍皇寺）、北郊では紫野・蓮台野《れんだいの》葬地の南に位置する上品蓮台寺《じょうぼんれんだいじ》、のちには引接寺《いんじょうじ》（千本閻魔堂）などがあげられる。このことについては「異界との境界」で述べることにする。

霊殿と墓地

「霊殿」の魂

先に述べたように、『源氏物語』で家をさまよい出た浮舟は、故朱雀院の御料所である宇治院とよばれる敷地の中の、森のような大木の下で気を失っているところを、初瀬詣《はつせもう》での帰りに急病になった八十歳になる母親の容体を看るために、急いで比叡山から下りてきた「横川《よかわ》のなにがしの僧都《そうず》」たち一行によって発見される。僧都の妹の介抱もあって意識を回復し、比叡山の麓の小野でたいせつにかくまわれるのである。噂を聞いた薫は、小野にある僧都の坊を訪ね、真偽を確かめようとする。僧都は薫に対面して、浮舟を発見した顚末を次のように語っている。

自分の親が今にも死にそうなのを後回しにして、嘆きもって介抱いたしました。この方も亡くなってしまわれたようなようすでしたが、それでも息はされておられましたので、ちょうど昔物語で「魂殿《たまどの》」に置いておいた人のためしを思い出し、そんなこともあるだろうか、こんな例もめったにないと、弟子たちのなかで祈禱のじょうずなものを呼び寄せ、かわるがわるに加持などをさせました。

昔物語で「魂殿」に置いておいた人のためし（例）、というのは「魂殿」に置いておいた人が生き返ったというような物語があって、そのことを思い出した、というのであろう。「魂殿」（玉殿、霊殿、以下霊殿に統一する）は先にも述べたように、遺体を正式に埋葬する前に安置しておく殯《もがり》の施設のことであるが、おそらく死んだ魂は、「魂殿」の中でしばらく遺体の周りに漂っている、と考えられたのである。

藤原道長は、寛弘二年（一〇〇五）、宇治の北の木幡《こはた》に浄妙寺を創建するが、そのきっかけとなったのは彼が幼少のころ、父兼家《かねいえ》に従って木幡の墓所に参って目の当たりにした光景であった。古塚が累累と重なり、あたり一帯が鬱蒼《うっそう》として静まり返り、寂しい限り、仏事の行われるようすもない。ただ時間が流れるだけで、供養の音も聞こえず、谷の鳥、峰の猿の声がするばかりであった。道長は涙を流して、後年高位を得たならば、一堂を造って供養しよう、と誓ったという（「為左大臣供養浄妙寺願文」）。

葬地に墓がそのまま放置され、荒れたまま放置されるのは、この時代の一般的なあり方であったに違いない。けれども道長が、そのようすを、供養する人もいないと否定的に感じたのは、むしろ時代の価値観のほうの変化によるものだったと思われる。田中久夫氏が指摘していることであるが、寛弘八年（一〇一一）七月に亡くなった一条天皇の葬送の後、遺骨の安置された円成寺《えんじょうじ》に多くの上達部《かんだちめ》や殿上人が参詣したのであるが、『小右記《しょうゆうき》』の記主藤原実資《さねすけ》はこれを批判している。遺骨のある墓へは参拝には行かないのがあたりまえであった。

この墓と墓地に対する意識の変化については、あとで述べることになるが、とりあえずここでは、そうした遺体や遺骨が置かれた葬地には、亡くなった人々の魂が漂っている、と考えられた、ということを指摘しておきたい。人々はそれを忌避して参らなかったし、道長は、だからこそここに供養のための寺を造ろうとしたのである。

粉骨葬の意味

桓武天皇の皇子で、嵯峨天皇のあとを継いだ淳和《じゅんな》天皇が承和七年（八四〇）に亡くなったとき（ときに皇位を嵯峨天皇の皇子の仁明天皇に譲ってみずからは上皇であった）、自分の死後について、次のように厳命した。華美を好まないので葬儀は簡素にするように、葬儀が終わったなら速やかに服喪を解いて人々を煩わせてはいけない、葬儀は夜に行って追善は倹約に勤めよ、国忌《こき》（国として忌日を定め、政務を停止すること）は官人の仕事の邪魔になるからやめよ、また荷前《のさき》はあの世とこの世を慮ることになって無益である、としたあとで重ねて次のように命じている。

私は次のように聞いている。人が亡くなってその魂は天に帰るのである。ところが虚しくも墓があるために、「鬼物」がこれに憑く。そしてついには祟りを起こし、後人に累《るい》を及ぼすことになる。そこで私の遺骨は砕いて粉にし、これを山中に散らしてほしい。

この遺言に対して臣下は反対したらしいが、結果として上皇の遺志は尊重され、そのおりに実行された。没後五日後の五月十三日、乙訓郡物集村《おとくにぐんもずめむら》に遺体が葬られた後、遺骨が砕かれ、大原野西山嶺上（現在の京都市西京区大原野南春日町の小塩山辺）に散骨されている。

これについて西山良平氏は、山陵は天皇の霊魂と肉体の「すまい」であるとしたうえで、この後承和九年七月に亡くなった兄嵯峨天皇が、「物の怪《もののさとし》」のあるごとに、祟りを先霊のせいにするのは謂われのないことだ（世の中の不穏なできごとが起こるたびに、その祟りの理由を亡き天皇のせいにするのは謂われのないことだ）（『続日本後紀』承和十一年八月五日条）

図2　淳和天皇火葬塚

といっていることを指摘して、淳和天皇の散骨は、遺体を遺すことによって祟りを生むことを避けたのだとしている。遺体があるから「鬼物」がつき、祟りを起こすのだ、したがって遺体を遺さなければよい、というのが散骨の論理になる。私たち現代人が散骨にイメージするのは、人間が生命の摂理として自然に還っていく、といったどちらかというと観念的なものであるが、それはあまりにも現代的な解釈に過ぎる。平安時代の散骨は、もっと現実的な霊魂に対する畏怖だったと考えられる。

粉骨の例はほかにもある。朧谷寿氏が紹介した史料であるが、宇多天皇の皇子で左大臣源雅信《まさのぶ》・重信《しげのぶ》らの父である敦実《あつみ》親王の場合である。彼は出家して仁和寺に入り、法名を覚真といった。彼が粉骨を願ったのは、みずからは出家し、息子たちは臣下に降りて源を名のったことと関係があるだろう。円融天皇の后藤原遵子《のぶこ》は関白頼忠《よりただ》の娘であったが、中宮になったとき天皇にはすでに兼家の娘で女御の詮子との間に懐仁《やすひと》親王（のちの一条天皇）が生まれており、子のいないまま后となったので「素腹《すばら》の后」と陰口された。この人が太皇太后として亡くなったとき、遺骨をどこに葬るかが問題になったことがある。遵子は木幡に葬ってほしいと遺言したらしいが、大納言藤原公任《きんとう》が最初に源俊賢《としかた》に相談したところ、彼は先の敦実親王の例を引いて、粉骨するのがよい、木幡に葬ってはいけないといった、という。それは彼女には死後を祀るべき子孫がいない、という考えによったのであろう。敦美親王の場合も、子孫はないわけではないが源氏に降下しており、またみずからも出家したので祀る人がいない、という意味があったのではないか。

公任は源俊賢に尋ねたあと、今度は藤原実資に俊賢の意見の可否を問うている。実資は、敦美親王の場合は仁和寺の例で藤原氏のことではない。藤原氏が木幡山を氏の墓所と卜《ぼく》して定め、一門の骨を木幡に安置しているのだから、ここに葬るのはまったく問題がない、と述べている（『小右記』寛仁二年〈一〇一八〉六月十六日条）。こうしてけっきょく、遵子の遺骨は木幡に葬られることになった。

墓　堂

先に、藤原行成《ゆきなり》が、「玉殿」に安置されていた祖父源保光《やすみつ》と母の遺体を火葬したことは述べたが、行成は翌日さらにこの遺骨を焼いて灰にし、小桶に入れて鴨川に流した。このことは別の意味があったかもしれない。というのも、そのことを記した彼の日記には「海中に入れしむ」とあって、鴨川に流したのはそもそも川が海につながっていたためであった。ここにはたとえば南方海上に観音が住むという補陀落《ふだらく》浄土のような別の信仰があったかもしれない。また、そのあと保光の御骨を安置する小堂を造作しているので、流した骨粉は一部だったらしい。これに先立つ長保四年（一〇〇二）十月十八日、行成は死んだ妻の遺骨を粉にして白川に流しているが、これも同じような意味であろう。

ところで、敦実親王が子孫の供養を無用にする目的で骨を砕いて粉にしたのだとすると、淳和天皇の散骨の意図とは少し違うような気がする。淳和天皇が祟りを起こすかもしれない自分の遺体を残すのを避けたのに対して、敦実親王は子孫の煩いを嫌ったのであって、祀られるべき遺体のあることがまず前提となっている。

源保光が造った娘と自分のための霊殿であるが、行成がそこから遺体を出して火葬にするまでにすでに十六年たっていたので、殯のための一時的な施設という意味での霊殿本来の意味からはかけ離れたものになっている。三条天皇皇后の藤原娍子（右大臣藤原済時《なりとき》の娘）が万寿二年（一〇二五）三月に亡くなったとき、源経頼《つねより》はその日記『左経記《さけいき》』に、遺命により雲林院《うりんいん》の西院の東北に「玉屋」を造って「殯喪」したと述べている。それについて『栄花物語』はこのことを、築地塀を囲んで檜皮葺《ひわだふき》の屋を美しく造らせ、そこに遺体を納めた、と述べている。それは「世の常のさまにておはしまさせたまふまじきなめり」、つまり世間一般の葬送ではないようにしたい、という彼女の遺言によるものであったというのである。火葬でもない、かといってたんなる土葬でもない、遺体を祀る建物を造ったのである。源保光が造った霊殿もそうした遺体をそのまま保存する施設であった。

堀河天皇の中宮篤子内親王が、永久二年（一一一四）十月一日に亡くなったときの場合であるが、遺体はその日のうちに雲林院内の堂に移されている。それは遺言によるもので、この年の春より新たに堂を造り、その中に墓所を設けたのだという。このことを記した藤原忠実《ただざね》の日記『殿暦《でんりやく》』によると「土葬なり」といっているので、あるいは遺体は堂の中の墓に埋められたのかもしれない。

こうして霊殿（霊屋）は、臨時の施設というより、遺体を安置して祀る墓所になったのであるが、いっぽうで遺体ではなく、火葬した遺骨を安置するための霊殿（もしくは霊殿の形をした墓堂）も造られるようになる。ふたたび源保光の遺体の場合であるが、孫の藤原行成はその遺体を火葬したあと、遺骨を納める小堂を松前寺の東堂に築いた。その堂の形というのは、

一間四方で、その形は三昧堂《さんまいどう》のようである。庇はない。三面は佐久利皮女《さぐりはめ》（柱に羽目板を落とし込んだ造り）で、あとの一面に戸を付ける。四隅の角木の上に屛上に乗せるような板を葺く（四角）。その上に蕨形《わらびがた》を置き、中央に葱花《そうか》（葱《ねぎ》の花の形の宝珠）を置く。堂内には覆桶を置き、桶の上には押紙を乗せる。

と、彼の日記にきわめて詳細に記される。三昧堂のようだ、というのだから、方形の四隅の棟を真ん中に集めて上に宝珠を乗せた宝形造《ほうぎょうづくり》の建物であろう。四隅に蕨形を置き（棟を蕨のように反り返らせる）、中央に葱花を乗せるのは、形だけ見れば神輿《みこし》の「葱花輦《そうかれん》」のような形状でもある。その堂内に遺骨を納めた蓋付きの桶を安置し、上に源保光の遺骨である旨を記した紙を貼ったのである。霊殿と形態は似ているが、こちらは遺骨を安置するための墓堂であった。

天喜元年（一〇五三）六月十一日に亡くなった藤原道長の妻源倫子（鷹司殿）であるが、二十二日に広隆寺北で火葬され、遺骨は仁和寺北に埋めた。このことを記した『定家朝臣《さだいえあそん》記《き》』には「御骨を仁和寺北に埋め奉る」とあるのだが、美濃守業敏《なりとし》朝臣が遺骨の箱を首に懸けて運び、巳刻（午前十時ごろ）に「玉殿」に着いた、とある。もっともこの「玉殿」は「寝殿東、北渡殿」と注記されるので、正式に埋葬される前に仮に安置された既存の建物をそうよんだものであろう。

先にも述べた一条天皇の遺骨は円成寺に安置されていたのであるが、寛弘八年（一〇一一）七月二十日に、遺骨を納めた唐櫃《からびつ》の上に小屋を造り宝形を据えて、戸内に安置している。この遺骨は三年後に、天皇が生存中に望んでいたとおり円融天皇陵の近くに改めて葬られることになっていた（『小右記』）。

これらはいずれも天皇や高位の貴族の場合であるが、遺骨を祀る姿勢がていねいになっている。もはや遺体や遺骨を葬地にそのまま放置しておくことは憚られるような風潮になったのであろう。

木幡の寺

藤原基経《もとつね》が極楽寺を建立するときの話であるが、鴨川を東へ渡り東山の麓を南下して建立予定地の深草に向かう途中、父基経の牛車に供をして一緒に乗っていた幼い忠平《ただひら》が、「お父様、この所は寺を建てるのにふさわしい場所です。ここにお建てなさいませ」といったという。基経が車の外に出て景色を見てみるとなるほどよい土地柄である。「幼い眼にどのように見極めたのだろうか。なるほどもっともだ」と思って、「ほんとうによさそうな所だ。おまえがここに堂を建てよ。私はいままで考えてきたことがあるから、計画のとおり深草に建てるよ」といって極楽寺を建てた。そしてその後忠平はここに法性寺《ほっしょうじ》を建立したのだという。法性寺は今はないが、寺地はおおよそ現在の東山区の東福寺近辺にあたる。東福寺周辺、とくにその北の泉涌寺には、江戸時代以後、皇室の御陵が立ち並ぶのであるが、もともと鳥戸野《とりべの》の南に連続する葬地であった。葬地に隣接する場所として寺院を建立するのにふさわしいと考えられたのであろう。

けれども、藤原氏の人々の墓が極楽寺のある深草や法性寺のある東山南部、それにこのあとの木幡に集中していたかというとそうでもない。北西郊外にある岩陰《いわかげ》の地や、もう少し東の紫野《むらさきの》、さらに北の岩倉、西北部では吉田や北白川、それに法性寺からはやや北になる鳥戸野などに散らばっている。これは源氏の場合も同じことで、仁和寺周辺を葬地にすることが多かったが、それも決まったわけではない。こうした寺院は、たしかに父祖を供養するためにあるのだろうが、遺体を納めた具体的な墓地との地理的な関係は認められないように思う。

そして道長の木幡浄妙寺につながる。道長が浄妙寺を創建したのは、寛弘二年（一〇〇五）のことである。先にも述べたように、その理由というのは、古塚が累累と重なって荒れ果て、供養の音も聞こえない、というように現実の葬地を前提として、その近くに寺院を建立し、彼らの霊を供養しよう、というものであった。そして浄妙寺ができると、藤原氏の遺骨の多くが木幡に送られ、納められることになる。たとえば、先にあげた円融天皇の后藤原遵子の遺骨も寛仁二年（一〇一八）に木幡に納められたし、道長娘で三条天皇の中宮妍子も大谷北の粟田口南で火葬されたあと、その遺骨は権亮頼任《ごんのすけよりとう》が木幡まで運んだ。

源氏の遺骨については、藤原氏とは別におおよその葬地が決まっていたらしい。関白藤原師実《もろざね》の妻源麗子は火葬されたあと、遺骨はいったん故造酒正重任《みきのかみしげとう》堂（霊鷲寺《りようじゆじ》）に安置され、そののち「源氏人々の骨墓所辺」に埋葬されたという。いずれにしろ遺骨は、埋葬方法、場所、供養の寺などが次第に整理され、管理されるようになったということである。

藤原頼通の木幡墓参拝

その後、万寿四年（一〇二七）に法成寺《ほうじようじ》で亡くなった道長も、鳥戸野で荼毘に付されたあと、遺骨は木幡に移されている。関白藤原頼通《よりみち》は、康平五年（一〇六二）八月二十九日、木幡の父の墓に詣でている。家司《けいし》の平定《さだ》家《いえ》は、そのときの頼通の行動を逐一記録してくれている。

未の刻（午後二時ぐらい）に浄妙寺の大門に着かれた。南橋殿において剣を解かれ、笏をとってまず墓のある山中に入られる［大門から東に行く］。（中略）「山守」を召して「先公大相国《だいしょうこく》」（道長）の御墓所の在処を尋ねられた。円座《わろうだ》を敷いてお座りになり、墓を拝み奉られる［御手水を使われる］。次に寺門にお戻りになり、三昧堂にお座りになる。堂の南庇にお座りになって、諷誦《ふじゅ》（声を出して経を読むこと）される。

頼通は多くの供を引き連れて道長の墓に詣でるのであるが、そこには「山守《やまもり》」（墓守）がいて彼はその案内によって墓前に参ったのである。そのさまは、かつて内大臣藤原伊周《これちか》が大宰権帥《ごんのそち》に左遷されたとき、木幡の父道隆《みちたか》の墓を訪れたさまと比べてみると大きな違いである。伊周は卒塔婆や釘貫《くぎぬき》などが乱立する森の中を月の光をたよりに墓を探し求めたのである。伊周の墓参から七十年近くの時が経過しているが、その間に墓地は整備され、管理されるようになったことがわかる。

御霊と疫病

御霊を祀る

「御霊《ごりょう》」とは、政治的に貶められて身分や官職を剝奪され、その遺恨からくる憤慨のまま死んでしまった者の霊のことで、死後にかつての政敵に対して災疫をもたらせたために人々から恐れられる、と一般的には理解されている。そしてその代表格は何といっても桓武天皇の弟早良《さわら》親王であろう。

早良親王の御霊

平安京遷都前のことになるが、長岡京時代の延暦四年（七八五）、桓武天皇が寵愛していた藤原種継《たねつぐ》の暗殺事件が起こった。これは長岡京遷都に反対の立場をとる大伴氏や佐伯氏の陰謀であったが、旧都である奈良の勢力と親密であった皇太弟の早良親王の関与が疑われ、彼は捕らえられて乙訓寺《おとくにでら》に幽閉される。無実を主張して絶食するのであるが、けっきょく淡路国（淡路島）に流され、その途中で亡くなってしまう。桓武天皇は実子の安殿《あて》親王（のちの平城天皇）を皇太子にするが、そのあと桓武天皇の周辺には不幸なできごとが相継ぐことになった。まず延暦七年五月四日に桓武天皇夫人の藤原旅子が亡くなり、翌年十二月二十八日には生母高野新笠《たかののにいがさ》が、さらに九年閏三月十日には皇后の藤原乙牟漏《おとむろ》、つづいて七月二十一日には后の坂上又子《さかのうえのまたこ》が死去するのである。さらに皇太子安殿親王が病気になり、久しく平癒しないという事態になる。ここに至って皇太子の病の原因が卜《うらな》われ、早良親王の「祟り」であることが判明したので、諸陵頭《しょりょうのかみ》の調使王《つきのつかいおう》を墓のある淡路国に派遣してその霊に謝した（『日本紀略』延暦十一年六月癸巳条）。

ところが大江篤氏によると、これより少し前の延暦九年に早良親王の墓に「守家」（墓守りの番人）が置かれ、近隣の郡司に命じて墓が管理されていた。ところがそれが十分に守られず、放置されていたために一連の「祟り」が起きたのだという。つまりこの「祟り」はあくまで親王の墓の放置を訴えるための告知であって、延暦十一年の調使王の派遣はそれを検閲するためであった。そしてその結果として事実が明らかになり、墓の管理が是正され、しばらくはこの騒ぎは終息することになったという。もともと「祟り」ということばには、神による告知の意味しかなかったらしい。

しかしこののち、早良親王とも親交のあった興福寺僧善珠《ぜんしゅ》といった奈良の僧侶たちによって、皇太子安殿親王の病気平癒や、早良親王の鎮魂の読経が行われるようになると、疫病の流行や火災の頻出といった「祟り」そのものが、早良親王の霊に起因している、と考えられるようになる。それは多分に政治的な背景もあったらしい。いずれにしろこうして告知であった「祟り」は、やがて災厄の直接的な原因として早良親王の「亡霊」とか「神霊之怨魂」「怨霊《おんりょう》」といったものの仕業に転化し、桓武天皇自身がそうした霊に悩まされつづけるようになったのである。延暦十九年には、早良親王は桓武天皇から崇道《すどう》天皇と追贈され、墓は山陵に改められたうえで、陰陽師や僧が派遣され鎮謝されている。この早良親王の霊は、桓武天皇の死後も次の平城天皇の病床を悩ますことになる。そして法会の執行、写経と読経、寺院の建立、と仏教的な色彩を強めながら、疫病をもたらす「御霊」として一定のかたちをとるようになるのだ、という。

六所御霊と八所御霊

こうした御霊には、早良親王のほかにも、桓武天皇の第三皇子で、大同二年（八〇七）に藤原仲成《なかなり》の陰謀により母藤原吉子とともに川原寺に幽閉され服毒自殺した伊予《いよ》親王、藤原種継の子で譲位した平城天皇の即位（重祚《ちょうそ》という）を企てて謀反を起こし、坂上田村麻呂に射殺された先の藤原仲成（観察使）、承

図3　御霊神社

和九年（八四二）、嵯峨上皇の没後に皇太子恒貞《つねさだ》親王を伴健岑《とものこわみね》とともに擁立して東国に入り、謀反を起こそうとした罪（いわゆる承和の変）で捕縛され、伊豆国へ配流の途中で病死した橘逸勢《たちばなのはやなり》、承和六年に筑前守のとき、新羅人張宝高《ちょうほうこう》と交易を行い、反乱を企てたと密告されて伊豆に流された文室宮田麻呂《ふんやのみやたまろ》などがいる。のちに述べる貞観五年（八六三）の有名な神泉苑の御《ご》霊《りょう》会《え》で祀られたのは、これら早良親王（崇道天皇）、伊予親王とその母藤原吉子（藤原夫人）、藤原仲成、橘逸勢、文室宮田麻呂の六人で、これを「六所御霊」といって後世までとくに恐れ畏んだ。

平安時代の上出雲寺《かみいずもじ》の鎮守社から出発し

たといわれ、現在も京都の上京《かみぎよう》の人々の産土神《うぶすながみ》である御霊神社（上御霊神社）の祭神もこの系譜にある御霊であるが、先の六所御霊とは伊予親王と観察使藤原仲成が、白壁王《しらかべおう》（光仁天皇）后で王を呪詛したとして廃后された井上《いのうえ》内親王とその子他戸《おさべ》親王《しんのう》に代わり、さらに火雷神と吉備真備《きびのまきび》（吉備聖霊）の二神が加わる。この八人の御霊を「八所御霊」とよんでいる（御霊神社の南側に産土神地をもつ下御霊神社の祭神も「八所御霊」でほぼ同じ神であるが、少し入れ替わりがある）。

桐壺帝の御霊

ところで、御霊は『源氏物語』にも登場している。『源氏物語』は基本的にフィクションであって歴史ではないが、御霊の出現を、その結果や対処の事実だけで語る公的な漢文史料とは違って、物語の筋にしたがって霊が順を踏んで立ち現れる。その意味で、平安時代の人が御霊をどのように考えていたかを知る、重要な史料になると思う。

源氏は、紫宸殿《ししんでん》での花の宴が終わったその夜、弘徽殿《こきでん》の細殿で「朧月夜《おぼろづきよ》に似るものなき」と詠う女性と出会い、関係をもつ。彼女は右大臣の娘で、のちに宮中の御匣殿《みくしげどの》に出仕することになるが、この歌にちなんで「朧月夜の君」とよばれる。源氏は彼女が宮中に入ってのちも密会をつづけたので、朝廷で権勢をもっていた右大臣とその娘弘徽殿の大后

（朱雀帝の母）は謀って、この際源氏を失脚させようとする。こうして源氏は須磨へ退去することになったのである。

須磨に流浪する源氏は、侘び住まいのなかで都のことを恋しく思うが、暴風雨と雷、それに激しい高潮がようやく静まった夜、心身困憊して寝てしまう。その源氏の夢のなかに亡き父の桐壺《きりつぼ》帝が出現する。

一日中大荒れの雷のなかで、そうはいってもたいへんお疲れになっていたので、われ知らずうとうととお眠りになる。恐れ多いほど粗末なお住まいなので、ただ寄りかかってお座りになっていると、亡き桐壺院が在世のときのままのお姿で横にお立ちになって、

「どうしてこんなみすぼらしいところにいるのか」

といって、源氏の手をとってお引き寄せになる。

「住吉の神のお導きになるままに早く船を出して、この浦を出なさい」

とおっしゃる。源氏はたいそう嬉しくて、

「畏れ多い父上のお姿にお別れして以来、いろいろ悲しいことばかり多くございますので、今はこの浦にわが身を捨ててしまいましょう」

と申し上げると、
「いやそんなことがあってはならない。これはただちょっとした因果の報いだ。私は帝位にあったときは誤りはなかったが、前世の過ちがあったので、その罪を償うあいだ暇がなくて、現世のことを顧みなかったけれど、いま余裕ができてあなたがたいへん憂いに沈んでおられるのを見るにつけ、それが耐え難い。海に入り渚に上って困難な道のりをやっとの思いでこの世に戻ってきて、疲れはててしまったところだが、このついでに内裏に申し上げることがあるので、急いでのぼるところだ」
といって立ち去るのであった。

こうして桐壺帝の霊は、源氏にやさしく声をかけて、須磨の浦を去るように勧めたあと、今度は都の天皇（朱雀帝、桐壺帝の長子で源氏の兄）の前に出現するのである。

この年、朝廷にも不吉の予兆がしきりにあって、もの騒がしいことが多かった。三月十三日、雷鳴がとどろき閃光がすさまじく、雨風の激しい夜、帝の夢のなかで、桐壺院が清涼殿の階段の下にお立ちになった。お顔は厳しい表情でお睨みになるのを、帝は怖れおののきになる。いろいろとおっしゃることも多かった。須磨にいる源氏のことであったのであろう。

帝はたいへん恐ろしく、また故院がこんなふうにお出でになったのがおいたわしく、母上（弘徽殿の大后）にこのことを申し上げると、

「雨などが降り、天気の悪い夜はそんな幻覚も見るものです。軽々しくお驚きになってはいけません」

と大后は申し上げる。故院が睨まれたときに目を合わせたからであろうか、帝は眼を患いなさって耐えられないほど苦しみなさる。そのための祈禱を内裏でも大后のところでもしきりにおさせになる。

そうこうしているうちに、右大臣がお亡くなりになった。それはそのような歳ではあるのだけれど、次々に凶事が重なり、弘徽殿の大后も何となく病がちになり、時がたつにつれてお弱りになるのを見るにつけ、帝もあれやこれやとお嘆きになる。

もののさとし

朱雀帝の前に現れた桐壺院の亡霊は、源氏の前に現れたときのようすとは打って変わって険しい顔で、源氏の待遇を厳しく咎めるのである。院と目を合わせたために帝は眼を病み、そんなころ祖父右大臣は亡くなり、母弘徽殿の大后も病がちになったのである。

桐壺帝の霊が出現して、源氏を須磨に追いやった朱雀帝や右大臣、弘徽殿の大后に災厄

を与える、というのはいかにも「御霊」にふさわしいのであるが、それ以上に注目しなければならないのは、亡霊が出現するのに先立って「不吉の予兆」のあったことである。『源氏物語』原文ではこの「不吉の予兆」を「もののさとし（物の諭し）」といっている。具体的には暴風雨と雷のことである。

これ以前、源氏が須磨で桐壺帝の夢を見る少し前、都の紫の上からの手紙が届けられる。その届けた使者が都のようすを次のように語っている。

京でも、この雨風が「怪しきもののさとし」であるといって、仁王会《にんのうえ》（災難を免れるために仁王経を講じる法会）が行われるであろうと聞いております。内裏に参上する公卿《くぎよう》たちも途中の道が通れなくなって、まつりごとも行えなくなってしまっています。

この「もののさとし」がまずあって、そのあとで桐壺帝の霊が出現するさまは、先の早良親王の場合のまず「祟り」という告知があって、それから「卜《うら》」によって早良親王の霊が突き止められ、謝罪や修法《しゆほう》が行われるやりかたと、基本的に同じである。「もののさとし」は「祟り」と同じく、政道が正義に反していることを知らせる天のメッセージなのである。原因の判定と対応はそれからのことになる。

このことはたとえば次の桐壺帝の中宮藤壺の霊のように、「もののさとし」と御霊に因果関係がなく、御霊もまた直接災難を与えようとする対象の人物がいない、という場合もあることでいっそう明らかになるであろう。

藤壺宮の御霊

藤壺宮は、源氏の母で桐壺帝に寵愛された桐壺の更衣が亡くなったあと、桐壺帝の後宮に入った人で、それは桐壺の更衣に容姿が似ていたからである。桐壺帝の寵愛の所以であるが、それは同時に母を失った源氏にとっても懐かしくあこがれの女性になる。源氏は恋しさのあまり関係をもってしまい、その間に皇子が誕生し、桐壺帝の子として育てられる。この人は朱雀帝のあと皇位を継承して冷泉帝になる。つまり源氏との不倫によって生まれた子が帝位につくわけであるが、このことを藤壺宮は死ぬまで悩んでいる。

『源氏物語』(「薄雲」)には、冷泉帝がその自分の出生の秘密を知る場面がある。すなわち藤壺の死後、長らく藤壺に仕えていた僧都《そうず》が次のように天皇に密奏するのである。

このことは私と王命婦《おうみようぶ》以外に知っているものはございません。それだけに恐ろしく感じます。ただいま天変がしきりに予兆を示し、世間が不穏なのはこのためです。帝が幼くてものの道理をご理解できなかったうちはそれでもよかったのですが、ようやく年齢も長じられ、何ごとも分別がおつきになるようになったときに、このようにそれが罪であることを示すのです。何ごとも親の代から因果ははじまるものです。帝が、この近ごろの天変の異変が何の罪障によるものかをご存じないことが、私には恐ろしく、口外せず自分の胸にしまっておこうと思っていたことを、このように口に出して申し上げた次第です。

「ただいま天変がしきりに予兆を示し、世間が不穏なのは」というのは、原文では「天変しきりにさとし、世の中静かならぬは」とあるところであるが、別のところでは「世の中騒がしくて、おほやけざまにもののさとししげく、のどかならで、天つ空にも例にたがへる月日星の光見え、雲のたたずまひあり」ともいっていて、簡単にいうと疫病の流行や日食・月食・彗星・流星などの天体異変があったということである。

こうしてこの「もののさとし」が、天皇の出生の秘密に関わることであったことが明らかにされたあと、今度は源氏の夢に、藤壺宮の亡霊が出現する。

源氏は藤壺宮のことを思いながら、寝所にお入りになると、夢とも思えないほど儚い姿で宮がお現れになる。たいへん恨んでおられるごようすで、

「世間に口外しないとおっしゃったけれど、こんなふうに「うき名」が露顕してしまったので、恥ずかしく苦しい目をみるにつけ、怨めしいことです」

とおっしゃる。

　こんなふうに藤壺宮の霊は恨みは述べるが、この恨みが疫病をもたらした原因ではない。天変や疫病の流行は、あくまで天によるこの世への啓示なのである。

世間騒がしかりける年

とはいっても、「もののさとし」や「祟り」は、具体的には疫病の流行や暴風雨の災害、火災の頻発などであるから、それを蒙る一般の都市民にとってはたまったものではない。「御霊」の直接の恨みの対象である政敵に災難がふりかかるのではなく、何の罪もない人々が被害を受けるのだから、いうならとばっちりである。理不尽というほかないであろう。ここに、都市民にすれば「もののさとし」や「祟り」という現象そのものが、御霊の引き起こす結果だと考えるようになったとしても無理からぬものがあろう。

　先の「世の中静かならぬ」、あるいは「世の中騒がし」という漠然とした表現であるが、実はこのことばは疫病の流行のことをさす一般的な表現としてしばしば使われる。

　たとえば、『後拾遺《ごしゅうい》和歌集』の藤原長能《ながとう》の和歌の詞書《ことばがき》であるが、「世の中騒がし」かったとき、「里の刀禰《とね》」（村の長）が天皇の宣旨《せんじ》を受けて「祭り」をすることになったが、それに際しては「歌が二つ必要です」と願い出たので和歌を詠んだ、とある。この「祭り」

は、何回目かの紫野《むらさきの》での御霊会であると考えられるが、ここでいう「世の中騒がし」とは疫病の流行のことをいっている。

永承七年（一〇五二）、平安京の西郊、花園の地で御霊会が行われたときの説話が『続古事談《ぞくこじだん》』にある。それによると、

後冷泉院の御時、「世間騒がしかりける年」、双ケ岡《ならびがおか》のあたりに社《やしろ》を造ったなら、鎮まるであろうとのお告げがあって、兵衛《ひょうえ》の府生《ふしょう》時重《ときしげ》をはじめとして六衛府（宮城を警備する六つの守衛軍）のものたちが、社を造って御霊会を行った。これを花園の社という。

とある。ここでいう「世間騒がしかりける」も疫病の流行のことである。

これらで注意したいのは、「世の中騒がし」「世間騒がし」の疫病流行が、そのままそれを収めるための御霊会につながっているということである。都市民にすれば、疫病の流行はそのまま「御霊」の忿怒ということになるのだろう。そこでそれを鎮めるための御霊会が行われることになったのである。

神泉苑の御霊会

世に有名な、貞観五年（八六三）五月二十日の神泉苑の御霊会は、そうした都市民のための最初の大規模な御霊会であった。神泉苑は大内

図4　神　泉　苑

裏の南面東側に接する南北四町、東西二町を占めた園池で、平安京成立当初から設置されたと考えられ、都ができる以前の葛野《かどの》の原野の面影を遺し、桓武天皇もここで渤《ぼっ》海《かい》から贈られた猟犬を使って狩をしたことがある。大きな池があって雨を支配する龍が住むと信じられた。

『日本三代天皇実録』にこのときの御霊会の盛儀が記録されている。それによると、御霊会は勅使として藤原基経《もとつね》・藤原常行《つねゆき》らが遣わされ、その監察のなかで行われた。

六人の御霊の前に机に竹莚を設え、その上に花と果物が並べられ、恭《うやうや》しく拝礼が行われ香が薫じられる。律師慧達《えたつ》を講師として招き、金光明《こんこうみょう》経《きょう》一部・般若心経《はんにゃしんぎょう》六巻が説かれる。雅楽寮の楽人《がくにん》が音楽を奏するなか、帝の近くに侍《はべ》る稚児や良家の子どもたちが舞人となる。寮の舞人が大唐《だいとう》と高麗《こま》の舞を立ち替わり舞い、雑伎《ざつぎ》（曲芸）と散楽（寸劇）もその芸を尽くして競う。天皇の命令により、この日ばかりは苑の東西南北の四門が開かれ、都中の人々の出入りを自由にさせ、見物が許された。

ここで御霊というのは早良親王（崇道天皇）、伊予親王とその母藤原吉子（藤原夫人）、藤原仲成（観察使）、橘逸勢、文室宮田麻呂のことで、すべて事件に連座して処罰されたものたちで、その怨みをなす魂は疫病を流行らせた。近代以来、疫病がしばしば起こり、死亡するものはたいへん多い。天下の災いはこの御霊の起こしているところである。都、畿内からはじまっていまやその外の国々にまで及んでいる。

そこで、毎年夏から秋にかけてところどころで御霊会を執り行うことがたびたびで、絶えることがない。仏を礼拝して経を説いたり、歌を歌い舞ったりする。幼い子が化粧して馬に乗り矢を射、筋骨の逞しい男が諸肌を脱いで相撲をとったりする。あるいは馬弓の芸を見せ、駆け馬して勝負を争うし、俳優は気ままに演技して、互いに競い合う。これを見物するものたちでひしめきあっている。あちこちでこのことが行われ、いまや風俗になった。この春の初め、咳病が大流行して多くの人々が亡くなり、朝廷でも祈りをしたところである。いまここでこの御霊会を行って、年来の祈禱の結果に報謝するところである。

本文中に「その怨みをなす魂は疫病を流行らせた」と端的に述べているように、疫病の原因は「怨みをなす魂」すなわち御霊であるという理解である。また記事の最後に「年来の祈禱の結果に報謝する」（もともとの文は「以って宿禱《しゅくとう》に賽《むくい》るなり」）とあるように、この貞観五年の神泉苑御霊会以前に、あちこちで同様の御霊会が行われていて、その結果として疫病が鎮静したことに対してお礼をした、ということになる。こうした御霊から疫病流行へという因果関係は、一般の都市民にすればきわめてわかりやすい、単純明快な構造だったのである。

平安京の生活

農耕生活から離れた人々

それにしても、政治上の敗北者が引き起こす疫病を、どうして都市の人々が無差別に背負わなければならなかったのか。雲の上人《くものうえびと》である高位の身分の人たちの間で起こった事件を、一般の都市の人々はどのように考えていたのだろう。それは平安京という、日本ではまだほとんど経験したことのなかった新しい社会、つまり本格的な都市生活の経験ということと関係がある。

律令制ではすべての公民には成人になったら田を支給されて、それを耕し、その収穫の一定の割合を国に納めなければならなかった（六歳以上の男子は二段、女子にはその三分の二が支給され、一段につき二束二把の稲を納める）。これが租という基本的な税である。したがって公民は農民でなければならない。しかもこの制度の建前上、公民は戸籍を付けられた地から離れることはできない。もちろんこれはあくまで原則ではあるが、農作に従事し、租を納める、というのが建前であった。

ところが平安京内に住み、平安京に戸籍をもっている人（京戸という）は、実質的には田を耕すことはない。官庁や貴族邸に仕事をもって勤めたり、商業活動に従事していたからである。けれども建前として田が支給され（これを京田という）、租を納めなければならない。平安京内は基本的に住宅地であるから、田はない。家が建たずに三年たつと、空閑地として畑はつくることができるが、田の耕作は許されない。したがって京田は平安京の外に支給されることになるが、とても人口に見合うだけの田地がなくて、遠いところは摂津国（大阪府の北部）や伊賀国（三重県の西部）に支給された場合すらある。政府は、今後は畿内に限るように命令しているが、これとても本人が耕すことは不可能であろう。というか、実際は京田を耕作する人と、租の税を納める人は別人で、その間（平安京と地方の間）に交換経済が成立しているのである。租はあくまで、法制上の建前にすぎない。

つまり彼ら京戸は、今まで農耕を中心とした村落の生活を離れて、本格的に都市生活をはじめた人たちであった。村落では田植えから稲刈りまで、稲作の共同作業を通じて人々は結束していた。村落の外れにある鎮守の社《やしろ》を紐帯にして、人々は同じ価値観をもって精神的に安定していたはずである。ところが都市に流入した人は基本的に勤め人であったから、隣人と利害を共有するとは限らない。

『伴大納言絵巻《ばんだいなごんえまき》』に、応天門放火事件の真相が発覚する場面がある。応天門は貞観八年（八六六）閏三月十日に炎上するのであるが、それは大納言伴善男《とものよしお》が左大臣源信《まこと》を放火犯人として陥れようとしたものであった。真相発覚の場面というのは、右兵衛府の舎人《とねり》の子どもと伴善男の出納の子どもが喧嘩をするのであるが、その喧嘩に親の出納が荷担したばかりか、喧嘩相手の舎人の子を暴行した。わが子への乱暴に憤慨した舎人は、たまたま居合わせた応天門放火の現場で真犯人が出納の主人の伴善

光美術館所蔵）

図5　子どもの喧嘩（『伴大納言絵巻』巻中より，出

男親子であったことを暴露する。絵巻では、喧嘩のなりゆきを時間の推移とともに三つの場面に分けて同一画面に描く手法をとっているが、子どもの喧嘩に加勢しようと家から走り出てきた善男家の出納男が、舎人の子を足蹴にしている。母親が手を引いているのは出納の子のようであるから、入ろうとしている左手の板張り壁の家が出納の家で、先の出納男もこの家から飛び出してきたらしい。絵巻の詞書によると出納の家と舎人の家は隣接していたというから、右手の網代《あじろ》壁の家が舎人の家ということになる。

こうした隣同士の勤め先が異なることは、平安京ではごく一般的であった。そんな社会では、そもそも村落社会のような地縁的なつながりが薄くなるのは当然であった。むしろ、仕官先あるいは同業を核とした結束のほうができやすい。

焼尾荒鎮

貞観年間（八五九〜八七七）、「焼尾荒鎮《しようびこうちん》」という都市で行われる私的な宴会が問題になっている。「焼尾」というのは、虎が人間になるとき最後に尾を焼くという意味で、初任官したときにする宴会、「荒鎮」も大酒を呑んで気分を晴らすことで、要は主人の任官や昇任に際して行う無礼講の宴会である。中国や朝鮮に倣って日本も官僚制度が整備されるようになったが、官職に就いて栄達を遂げることは一家のみならず一族、あるいは家来や下部に至るまで、利益を蒙ることであった。それは社会のしくみが一部の高位の官の権威によって成り立っていたからである。簡単にいうと、いったん要職に就いたらその権威で社会を動かすことができる利害社会で、その一族郎党までが潤ったのである。

貞観八年正月二十三日、政府は次のような法令（太政官符）を出して、「諸司諸院諸家所々」の人の「焼尾荒鎮」することを禁止している。

近ごろ、「諸司諸院諸家所々」（役所や院家あるいは諸家そのほか所々）の人が、新たに官職を戴いて就職したときに、「荒鎮」とか「焼尾」といって、あるいはそれ以外でも、就職した人に酒宴を要求して、臨時に飲み食いするといった類の風習が常態化している。大酒と騒ぎに限度はなく、主人は常に財産を尽くすのではないかと心配している。また招かれた客のほうにも実際の利益はない。もし酒宴の約束を違えたなら、最後には狼藉《ろうぜき》に及ぶ。お膳が揃っていなかったら、必ず暴言に至る。言い争いはただ喧嘩の原因になるだけではない。ほんとうのところは乱闘の根源になっている。望み願わくは、勅に従って厳しく禁止してほしい。

官職を得たものは、大勢の一族や家来をよんでご馳走をしなければならない。酒と料理が足りなかったら、文句をいうものもいる。主人のほうは財産がなくなるのではないかと心配する。らんちき騒ぎの喧噪のなかで、やがて喧嘩や乱闘になる。こうまでして宴会をするのは、社会の多くの人が、何らかのかたちで個々の貴族の家に所属したり、関係をもっていて、利害を共有していたからで、要は社会がそのような仕組みでできていた、ということである。政府はたびたびこれを禁止したり、制限を加えているが、貞観十六年には衛府（宮中を警衛する六つの軍隊）の長官の場合、職掌が文官とは異なって士卒を鍛錬し、甘苦をともにするものだという理由で、旧例のとおり新任のとき一度に限っての饗宴が許されているから、この風習は非常に根強いものだったのである。

少しのちのことであるが、万寿四年（一〇二七）五月、右大臣藤原実資《さねすけ》の車副《くるまぞい》男の童が殺害されるという事件が起こった。主謀者は牛童《うしわらわ》の春童丸で、犬男丸という牛童が共犯者であったという。

無頼の徒

牛童というのは、各貴族の所有する牛車に付ける牛を飼育し、操るもののことで、それを「童」というのは成人の印である冠や烏帽子を着けずに、みずらを結った童髪《わらわがみ》だったからである。実際は歴とした大人で妻子もある。牛飼《うしかい》、牛飼童ともいう。『枕草子』では、牛飼は体が大きくて髪が赤茶け、顔も赤味がかって、機転が利きそうな顔つきのものがよい、といっている。

そこでこの殺人事件を起こした春童丸という牛童は前安芸守《あきのかみ》藤原良資《よしすけ》の牛童で、犬男丸のほうは右馬権助《うまのごんのすけ》源頼職《よりもと》の牛童であった。この記事を記した『小右記《しょうゆうき》』によると、事件の当日、諸家の牛童たちが集まって酒食をともにしていた。そして酒席の貫首（上席）である関白頼通《よりみち》家の牛童が、泥酔した春童丸に介添えの子どもを付け、さらに頼職の牛童犬男丸を添えて住居の良資宅へ送ったという。事件はこの後に起こった。ここで注意したいのは主家を異にする多くの牛童同士が互いに関係をもち、党類とでもいうべき集団を作っていたという事実である。そしてこうした党類は、たとえば別の事件で実資家の牛童三郎丸が伊予介藤原定頼《さだより》宅を襲って乱暴を働いたとき、その仲間に三郎丸の聟で権中納言藤原教通《のりみち》の牛童が加わっていたように、おそらくは血縁を中心に結ばれていた。

長元八年（一〇三五）十二月、平安京の警察機関である検非違使《けびいし》は、京内の各保《ほ》に対して博奕《ばくえき》（博打）を取り締まるように通達を出したらしい。保というのは平安京の条坊を四町ごとに区切った区画で、それぞれ何条何保という名まえがついている。その保にはそれぞれ保内をとり仕切る保刀禰《ほとね》という責任者がいて、検非違使は各保刀禰に通達をすることで、京内全体の治安を徹底していた。「通達を出したらしい」といったのは、この検非違使の通達自体は残っておらず、実際はそれぞれの保から検非違使に返された何通かの請文《うけぶみ》（承知した旨の返書）が残っているだけだからである。ほとんどの保刀禰の請文は承知した旨を返事しているのだが、そのなかでひとつだけ左京三条三坊四保の刀禰粟田延時《あわたののぶとき》と上道忠包《かみつみちのただかね》は、翌年正月十二日に次のようにいっている。

去年十二月十三日付けの検非違使庁の通達は、今年正月十一日に到来し、請文を提出するところです。そもそもそうした博奕のものたちに制止を加えても、彼らは高家の雑色《ぞうしき》や牛飼が仲間を招いて党を結び、双六《すごろく》を事とするもので、刀禰などの命令を聞かないどころか、ややもすれば「放言」をする始末です。したがって双六場と博奕のものたちを庁に申し上げるべきですが、私たち刀禰の力の及ぶところではありません。よってことの次第を注し、申し上げる次第です（九条家本『延喜式』巻四裏文書）。

左京三条三坊四保という場所は、平安京左京の中央北寄りの地で、現在の中京区の烏丸《からす まどおり》通と御池通《おいけどおり》の交差点の北部に当たる。「放言」をする、というのだから、高位の貴族邸に勤める雑色（従者）や牛飼が双六の博奕をして、制止する刀禰たちに向かって「俺さまをどこの牛飼（あるいは雑色）やと思っているねん！」とかなんとか言って、恫喝《どうかつ》したのであろう。

こうした刀禰の命令に従わず、市中の高家の雑色や牛飼が徒党を組んで博奕に興じるさまは、先の『小右記』の記事で、諸家の牛童たちが酒食をともにしたという状況と軌を一にしているといえる。それぞれの主家に従属しながらも、他家に所属する同じようなものたちと血縁を結び、党類といわれるような社会集団を作り、いわば無頼《ぶらい》の徒とみられるような傾向もあった。こうした党を中心とする社会では、一家の主人の動静がそのまま親族から従者に至るまでの全体に利害の影響を与えると同時に、そうした情報がその家来・従者、下部のネットワークを通じて共有されたのであろう。個々の具体的な御霊《ごりょう》が恐怖の対象として社会全体に広まった要因は、そうした平安京特有の社会状況にあったと考えられる。

罪福を説く女性

この節のはじめで、平安京の都市民は、農耕生活をやめて都市に住み、役所や貴族邸に勤めはじめて、新しい生業をした人たちであったと述べた。そこでも述べたが、村落では田植えから稲刈りまで、稲作の共同作業を通じて結束しており、それを精神的に支える鎮守の社があった。したがってそこでは、社を中心に春の予祝の祭（収穫を祈願する祭）と秋の豊作を感謝をする祭があったはずである。ところが、都市生活をはじめた平安京の人々にとって、そもそも農作を祈願する神は意味をもたなくなったし、自分たちの信仰の機縁をつくる神そのものの存在を失うことになった。そのうえ先に述べたように、隣人同士の勤め先が異なるという、地縁的な結束をもちにくい社会であった。つまりかつての村落にあった稲作の神信仰が失われ、かといって新しい信仰ももちにくいきわめて精神的には混沌とした状態にあったといってよい。

平安京遷都後間もない延暦十五年（七九六）、生江臣《いくえのおみ》家道女という女性が「市廛《いちくら》」において妄《みだ》りに「罪福を説き、百姓を眩惑」したという罪で本国の越前国（福井県）に送還された（『日本後紀』）。「市廛」は平安京の七条の東西に、物資の流通ならびに物価の安定調整のためにつくられた公設市場で、平安京の経済を支える施設である。また都市の一般の人々が集まる場所でもあった。彼女は「越優婆夷《こしのうばい》」とよばれたというが、「越」は北陸地方の国名で、また生江臣という氏は現在の福井市周辺の豪族なので、彼女もそこの出身なのであろう（現にこのあと越前国に送還された、とあるのはここに戸籍があったからである）。「優婆夷」は在俗の女性の仏教信者のことである。仏教信者を標榜するが、「罪福を説き、百姓を眩惑」するとあるように、人の多く集まる「市廛」において、善悪の報いとしての災いを指摘したり、それに対処して健康や幸運のための指針を与えたりしたのであろう。つまり、都市の社会不安のなかで、告げを示すことによって人々を指導する宗教者であったと考えられる。少し新しいことばでいうなら、祈禱師あるいはおがみ屋さん、予言者、または巫女に近い存在ではないか。彼女は、けっきょく政府によって罪科に処せられ、本国の越前国に返されたのであるが、「越優婆夷」と親称でよばれたように、都市の人々にとって彼女の活動は、ある程度生活のなかで機能していたように思う。宗教的な混乱状態にあった成立期の平安京にあっては、こうした祈禱師とも巫女ともつかない宗教者による新興宗教が芽生えやすい状況にあった。

三春高基の病

『源氏物語』に先行して成立した物語として『宇津保物語《うつほものがたり》』がある。作者は源順《みなもとのしたごう》ともいわれるが、よくわからない。『竹取物語』のように女性主人公への求婚譚がたくさんあってそれがさらに話を広げているので、いくつかの複数の物語が寄り集まっているような感のある作品である。そのなかに三春高基《みはるのたかもと》という人物の話が出てくる。もともと天皇の皇子なのであるが、三春を賜姓されて臣下になった。この高基は身分はよいのであるが、ひどい吝嗇《りんしょく》家で、参内するときの牛車も板を貼っただけのいい加減なもので、牛は本来の力の強い牡牛ではなく値段の安い牝牛にしたり、従者を惜しんで子どもに木剣をつけさせたりするのである。要するに「どけち」として描かれているのであるが、そのなかで彼がもっともお金がかかるものと考えていたのが妻という存在であった。そんなわけで長らくやもめを通したのであるが、昇進して大臣にまでなってさすがにそうもいかなくなり、物を食べない妻を探す。それが絹の市鄽（衣を扱う市の倉）に勤める徳町という市女《いちめ》であった。当時、市で交易する市女は富裕者の代表格であったらしい。

結婚してから、高基は重い病に罹る。それというのも、彼が幼少のとき重病になり、女親が大きな願を立ててようやく治ったのだという。それで親が亡くなるとき、その願の報謝を必ず果たすようにと、言い残したのだけれど、吝嗇の彼はその費用を惜しみ、お礼のためのお祀りを怠ったので、その罪に恐ろしい病がついてほとんど死にそうになったのである。そこで妻の徳町が高基のために「祭り祓《はら》へ」をしようとするのであるが、高基はそれを押しとどめて次のようにいっている。

もったいない。自分のためにほんのちょっとでもそんなことをするな。祓えをするにも打撒《うちまき》に米が必要だ。これを籾のままにして種として使ったなら、米はもっとたくさんになる。修法《しゅほう》するのに米が五石必要であろう。壇を塗り固めるのに土もいるだろう。土が三寸のところから多くの作物ができる。祓えに使う楝《おうち》の枝ひとつにたくさんの実ができる。これは果物として食べるのにもってこいだ。胡麻は油を絞って売れば、多くの銭になる。その絞ったあとの糟《かす》は、味噌の代りとして使うとよい。栗・麦・豆・ささげなどは雑役《ぞうやく》として納めることができる。

そういうわけでけっきょくその「祭り祓へ」は行われなかったのであるが、死の業病ではなかったらしく、病は治ってしまう。いっぽう妻の市女の徳町は、ほかにもいろいろなことがあってあきれはて、離婚することになる。

ここでは、壇が築かれ、清めの米が撒かれ、ほかにも楝が立てられたり、果物や作物が供えられたりして（胡麻は油にして灯明を点すのであろう）、修法が行われている。目的は病気の攘災《じょうさい》である。都市の信仰のなかで基本的にあったのは、こうした身のまわりの病気や災害などに対する祓えであった。人口密度の高い都市においては疫病の流行と火災や地震・洪水などの危険が常にあったからである。壇を築いたり米を撒いたりする呪術的な修法がどんな神に対して行われたのかはここでは明らかにされないが、ここに御霊に対する畏怖は結びつきやすかったであろう。

祓除と神宴

先に紹介した貞観八年（八六六）正月二十三日の焼尾荒鎮禁止令のとき、政府は同時に合わせて「祓除神宴《ふつじょしんえん》」に関する法令も出している。それによると、平安京の諸家では六月と十一月に「祓除・神宴」（祓えと神祭）をするのであるが、そのときに音楽を奏でて歌を歌い、酒を飲み飲み舞をして「神霊」を喜ばすのだという。ところが、そこに衛府の舎人や無頼の徒が勝手にやって来て、飲み食いをして土産を要求する。

衛府の舎人や無頼の徒が、主人が招きもしないのにやって来て、客の席についたり、宴の幕を侵して入ってくる。家の門を突き破って自分から客の席に着く。はじめのうちは、酒と肴を機嫌よく飲み食いするのだが、帰るときになって褒美の衣服（被物《かずけもの》）を要求する。主人がそれを断ると、怒り罵って主人を侮辱する。または神さまも怒っていらっしゃる、と神のことばに託して主人を恐喝する。こんな横暴が年を追うごとに甚だしい。この状況はほとんど群盗と異ならない。富裕の家でさえ憚ることがなくこんなことが行われる。まして勢力がなく訴える力もない家ではたいへんな迷惑である（貞観八年正月二十三日太政官符）。

同時に禁止された「焼尾荒鎮」では、新たに官職に就いた者の祝宴を目当てに集まる人が問題になっていたが、ここでも六月と十一月に行われる祓えの神宴に集まってくる「衛府の舎人や無頼の徒」を禁止している。両者に共通するのは宴会に乱入する無頼の徒である。どうして「祓除・神宴」に衛府の舎人（兵卒）がやって来るのか。それは彼らが、褒美の衣服（被物）をもらえなかったときに、「神さまも怒っていらっしゃる、と神のことばに託して主人を恐喝する（原文は「神言に託して呪《のろ》い、主人を恐喝す」）」といったことばにヒントがある。衛府は天皇を中心とする宮中をとりまくように守衛する軍隊（六衛府といって、天皇の最側近から左右近衛府、左右兵衛府、左右衛門府と、三重にとり囲んでいる）であるが、その兵士は外から見れば天皇の神性を付与されているように見えたはずである。そこで、のちの御霊会でも衛府の官人が祭祀の主導的な役割を果たすのである。要するに彼らは神事の祭司となりうる資格をもっていたということである。ここでは、法令で彼らの横暴を禁止したのであるが、それは実際には彼らが「祓除・神宴」の指導的な役割をしていたことを示している。その神性を所持する衛府の性格こそ、諸家の祓えと神祭に参入する資格を与えたのである。このことはたとえば天皇が神社の祭礼に派遣する勅使に、近衛府の官人が多かったことにもつながっているだろう。

こうして、諸家では身の穢れを祓うことで災難を避ける（すなわち攘災）ために、年二回の祓えと神祭が行われていたらしいが、そこに関与したらしい、なかば公的な職掌の衛府の官人たちが、御霊に関する祭祀を広めた可能性は十分にある。

都市の祭礼

船岡山の御霊会

貞観五年（八六三）の神泉苑の御霊会《ごりようえ》は、私的な祭ではなく、地域として平安京全体の疫病を祓《はら》う公的なものであった。それは神泉苑という国家の施設で行われていることからもわかる。これと同じころ貞観七年五月十三日に、七条大路と朱雀大路の交差する地点で行われた疫神祭や、貞観九年五月二十九日と同十四年正月二十日に朱雀門・建礼門前で行われた大祓などにしても同じように公的な関与が考えられる。神泉苑も七条朱雀も、朱雀門・建礼門もともに都市の結節点というべきところだからである。

平安京の北郊にある船岡山は京都盆地の平地のなかで際立った小山で、山上には磐座《いわくら》がある。平安京の都市計画である条坊のプランをつくったとき、この山を基準として平安京のメインストリートである朱雀大路が設定されていることはよく知られている。この船岡山で、正暦五年（九九四）六月二十七日に御霊会が行われている。『日本紀略』には次のようにある。

疫神を祭り鎮めるために御霊会が行われた。木工寮《もくりよう》と修理職《すりしき》が神輿《みこし》二基を造り、北野の船岡山の上に安置した。僧侶を招いて仁王経が読まれ、平安京内の人が楽人《がくにん》を招いて音楽をする。都の人の御幣をもって来たるものは、何千、何万人と数え切れないほどである。拝礼が終わったのち、神輿を難波《なにわ》の海に送った。

二基の神輿が船岡山の山上に置かれ、そこに御霊《ごりよう》が祀られてその前で僧の読経と音楽が奉納される。さらに京内の多くの人が拝礼に来たのだが、すべてが終わると、神輿は大阪湾の難波の海にまで運ばれて流されたという。神輿が祭礼に使われる早い例であるが、平安京の人からすれば御霊が神輿で京外に出され、海に流される、というさまを視覚的に理解することができる。その意味できわめてわかりやすい庶民的な祭礼であった。

この記事の最後に「これは朝廷より起こったことではない、世間の風説（巷説《こうせつ》）よりはじまったものである」とわざわざ注記している。船岡山は都市のシンボル的な山であるが、この祭礼に主導的な働きをしたのは都市の人々であったろう。

紫野の御霊会

船岡山の北、紫野《むらさきの》に現在も鎮座する今宮神社は、この船岡山御霊会を起源として祀られたという伝承がある。ここではその後、長保三年（一〇〇一）、寛弘二年（一〇〇五）、天承二年（一一三二）にも御霊会が行われているが、それは疫病の流行した年に限った臨時的なものだったらしい。先に紹介した『後拾遺《ごしゅうい》和歌集』の藤原長能《ながとう》の和歌の詞書《ことばがき》のときの御霊会は、長保三年かあるいは寛弘二年のときのものと考えられる。

世の中が騒がしかったとき（疫病が流行ったとき）、「郷《さと》の刀禰《とね》」（村の長老）が、天皇の宣旨《せんじ》を受けて祭りをすることになったのであるが、和歌が二首必要だといってきたので、詠んだ。

しろたへのとよみてぐらをとりもちていはひぞそむるむらさきののに
（真っ白な美しい幣帛《へいはく》をとりもって、祀りはじめることですよ、この紫の野に）
いまよりはあらぶる心ましますな花のみやこにやしろさだめつ
（いまからは怒る心でいらっしゃいますな、花の都に社殿を定めたのですから）

この和歌は、ある人が言うには、世の中が騒がしうございましたので、船岡の北に今宮という神をお祀りして、朝廷も神馬《じんめ》を奉納なさったと言い伝えている。「郷の刀禰」の「郷」は、紫野の周辺地域の村をさすのであろう。そうした在地の人間によってこの御霊会は主催されたのである。朝廷も宣旨を出してこの祭礼を祀る態度を示してはいるが、「朝廷も神馬を奉納なさった（原文「おほやけも神馬たてまつりたまふ」）」とあるように、それは民間の動きに追随したのであろう。

ところで当初は疫病が流行したときだけ臨時に行われていた御霊会は、やがて社殿が定められ、恒常的に祀られるようになる。

花園の御霊会

平安京の西郊外に、双岡《ならびがおか》という岡がある。三つの岡が南北に並んでいることによる名称である。その双岡の東南の地を花園というが、ここでも御霊会が行われている。記録にみえる最初は長和四年（一〇一五）のことで、神殿を建立して疫神を祀っている。二度目のとき、永承七年（一〇五二）に行われた花園御霊会の発端について、参議《さんぎ》兼春宮権大夫《とうぐうごんのだいぶ》の藤原資房《すけふさ》の日記（『春記』永承七年五月二十八日）には、次のような興味深い記事があるので紹介する。

近ごろ、西京の住人の夢に、神人と称するものがやってきていうには、「私は唐朝の神である。住む所がなくてこの国に流れ来たった。拠るべき場所がないので、私が到るところはことごとく疫病を起こす。もし私を祀り住む所を作ってくれたなら、病を起こすのを止めよう。そこで私は汝に瑞相《ずいそう》を示そう。その場所を私を祀る社《やしろ》の場所とするがよい」。そののち、その夢を見た西京の人は、西京双寺《ならびでら》の傍らに光り輝くものを見た。その形は鉤《かぎ》（鉤、釣り針）のようであった。その光る下を居所とせよというこことだ。このことはまたたく間に村々隣郷に知らされ、東西京の人々もこぞってそこに向かい、社殿を建てた。また諸衛府の官人も祭礼を行い、村々、一族一党が寄り集まって饗応をするという。この夢は誰の夢ともわからない。後世のためにこれを記す。世に今宮というそうだ。

この疫病の神は唐の神で、放浪してやって来たところで疫病を起こす。そこでもし社殿を造って自分を祀ってくれるなら、疫病の災いから逃れられるようにしよう、と請け負うのである。ここに至って疫神は人に災いをもたらす神から、地域の人々を守護する神に転化しようとしている、ということができるだろう。

京内の御霊会

いままで平安京郊外での御霊会を中心に話を述べてきたが、京内の御霊会の記事は神泉苑御霊会を別とすれば、それほど多くない。『小右記《しょうゆうき》』長元五年（一〇三二）十一月十三日条は、数少ない京内の保での祭祀の動向を示す記事である。日記の筆者である右大臣藤原実資《さねすけ》の邸宅小野宮は、平安京の左京二条三坊三保（現在の中京区京都御苑の西南に位置する）にあったが、この日、この保の刀禰（責任者）が明日保内で行う仁王講の費用を集めに来ており、実資はそれに対して米を給わっている。この保では、保独自に厄除けを目的とした仁王講を行って、住人に応分の費用が求められたのである。

平安京の中心部で、社殿が設けられて御霊会が行われなかったのは、そこが都市の人々が集住する住居地であった、ということと関係があるだろう。神を祀るのは郊外の川の畔《ほとり》や山の麓がふさわしいと考えられたのではないか。平安京の北部であれば、そのすぐ北に船岡山麓の紫野があったし、右京ならその西に双岡の麓の花園という広い原があったから、そこで御霊会を行うことができた。平安京左京の中南部はとくに都市民の集住する場所であって、郊外に出て祭祀をするためには、東の鴨川を渡らなければならない。そこで、郊外の東山山麓にすでに祀られていた祇園社《ぎおんしゃ》の神を京内に運んで臨時の神殿を造り、そこで御霊会を行うということが企てられた。あるいは北部のように政府機関や上級貴族の邸宅もなかったので、そうした上からの監視も少なく、人々は比較的自由に祭祀を行うことができたのであろう。こうして平安京北部や西部とはまた違った、新しい御霊会の型を作り出すことになった。それが祇園御霊会である。

祇園御霊会の起こり

祇園御霊会は現在も京都の代表的な祭として知られる祇園祭のことである。現在は祇園祭というが、江戸時代までは祇園御霊会とか、たんに祇園会とよばれ、現在の呼称になったのは明治になってからである。祭神は、四条通りを東へ、鴨川を渡った東山の麓に鎮座する八坂神社の神である。八坂神社の名も明治になって改められたもので、もともとは祇園社とか祇園感神院とよばれた。貞観十八年（八七六）に、興福寺の僧円如《えんにょ》が建立したもので、当初は祇園天神堂といわれた。現在でも本殿が南を向いているのは、本寺興福寺のある奈良の方を向いているのだといわれている。この祇園社から神輿が神を乗せて鴨川を渡り、京内の旅所《たびしょ》で祭礼が行われる。都市の人々は、祇園の神が旅所に駐留する間、この旅所のほうへ参詣するのである。現在では山《やま》鉾《ほこ》のほうが有名になってしまったが、山鉾は室町時代以降に付加されて盛んになったもので、本来は神輿の祭であり、現在もこの渡御はつづいている。

祇園御霊会の起源にはいろいろな説があって、代表的なのは貞観十一年に神泉苑に六十六本の鉾を立てて疫病を鎮めた、というものである。けれども私は天延二年（九七四）の次の由緒が重要だと思う（ただし室町時代の古文書を写したものである）。というのも、先に

図6　祇園祭神輿（還幸祭）

述べた神輿が旅所に渡御して祭礼が行われる、というその後の祭礼の基本構造の淵源を語っているからである。

円融天皇の天延二年五月下旬、高辻《たかつじ》東洞院《ひがしのとういん》の助正《すけまさ》というものの居宅を旅所として「神幸あるべき由」の神託があった。さらに祇園社の社人《しやにん》が本社から蜘蛛の糸をたどると、助正宅の後園の狐塚にまで行きついた。そこで助正を旅所神主とし、その居所を旅所とするようにと天皇の宣下があり、祭礼がはじめられた。これが祇園御霊会のはじまりである。以来、異姓を交えず十三代相続すること今に相違ない神職であるという（『祇園社記』）。

最後に「異姓を交えず十三代相続すること今に相違ない神職」とあるのは、この文章が旅所の神主の由緒と権利を主張するために書かれたものだからである。

記録された祇園御霊会

この旅所のことは、藤原宗忠《むねただ》の日記『中右記《ちゆうゆうき》』康和五年（一一〇三）十一月十六日条の火災の記事のなかにみえる。

五条坊門室町より出火して五条東洞院西辺に至るまで四、五町ほど、数百家が灰になった。そのなかにあった霊験所の因幡堂《いなばどう》と祇園大政所《おおまんどころ》が燃えてしまった。

焼失した「祇園大政所」は、先の縁起の「高辻東洞院」にあった、助正の居宅（旅所の地）の場所に該当する。すなわち十二世紀の初頭には確実にこの地に旅所があったことがわかる。

そののち冷泉東洞院（現在の中京区京都御苑の南）にも少将井《しようしようい》旅所がつくられ、ここにも神輿が渡御するようになった。

源師時《もろとき》の日記『長秋記《ちようしゆうき》』の長承三年（一一三四）六月十四日条に、

御霊がお渡りになるとき、ちょうど大風雨になった。のちに聞くところによると、鴨川橋が壊れて、「大政所第二神輿」が川に投げ出されて一町ばかり流された、村人が川に入りこれを担《にな》いあげたということだ。聞いたことがない珍事である。」とある。この日、六月十四日は祇園御霊会の還幸祭の当日で、したがって神輿は京中の旅所から本社に帰るところであった。途中鴨川を渡るとき、折からの洪水のために橋が壊れて「大政所第二神輿」が川に投げ出されたのである。ここで「大政所第二神輿」と記しているのだから、それは大政所旅所には二基の神輿があり、かつ推量をたくましくすれば少将井旅所と区別して大政所といっている感もある。こうして大政所旅所に二基、少将井旅所に一基の神輿が渡御するという現行の祇園祭の形式が整っていたことが想像できる（ただし、そののち豊臣秀吉によって両者の旅所は現在の四条寺町に移された）。平安時代最晩年の後白河法皇の命によって作られた『年中行事絵巻《ねんじゅうぎょうじえまき》』には三基の神輿が渡御する祇園御霊会のようすが描かれている。

京都の祭礼

郊外に本社があって、年に一度、神が市中の旅所へ神輿に乗って渡り、そこにしばらく駐留して付近の人々の祭祀を受け、ふたたび本社に帰っていく、という祭礼の形式は、祇園御霊会に限らず、京都市中のほかの祭礼、たとえば祇園社の南に氏子地域のある稲荷社（現在の伏見稲荷大社）の稲荷祭、その西に隣接する氏子域のある松尾大社の松尾祭でも同じである。両社は御霊の神ではなくもともとは農耕神であ

図7　牛頭天王像（松尾神社所蔵）

ったが、やはり郊外の本社から市中の旅所へ神輿が渡御するという形式の祭が平安時代の末にはできあがっている。またもう少しのち、鎌倉時代ぐらいになると、もともと郊外に出て祭祀を行っていた平安京北郊の紫野今宮神社、御霊神社（上下御霊神社）、西の京の北野天満宮でも、下京《しもぎょう》と同様、市中に旅所がつくられ、本社から神輿を迎え、そこで祭礼を行うようになる。こうして現在のいわゆる京都型の祭礼ができあがるのである。

祇園社の祭神は牛頭天王《ごずてんのう》という神で、身には甲冑をつけ、角をもった牛の頭をもち、恐ろしい怒りの形相をしている。つまり疫神である。祇園社が延久二年（一〇七〇）十月に焼けたとき、宝殿（本社）の焼け跡を捜索して、一部を損傷した牛頭天王や波利采女《はりさいじょ》、子どもの八王子などのうち四体の神像（木造）を見出しているから、はやくからこれらの神々が祀られていたことが確かである。

蘇民将来の伝説

『簠簋内伝《ほきないでん》』など後世の伝書によると、牛頭天王は武塔神《ぶとうしん》ともいわれ、一族郎党を引き連れて、天竺の北方九相国の王沙渇羅《しやかつら》竜王《りゆうおう》の娘波利采女に求婚するために旅に出る。その途中、蘇民将来《そみんしようらい》と巨旦将来《こたんしようらい》という二人の兄弟に出会い、宿を乞うことになる。富裕で吝嗇《りんしよく》（けち）な弟の巨旦将来はけんもほろろに断ったが、貧しく心根の優しい兄の蘇民将来は快く宿を貸し、貧しいながらも粟の粥を炊いて一行を歓待する。求婚に成功した牛頭天王は帰りにふたたび蘇民将来を訪ね、先の一夜の宿の礼を述べるとともに、兄の巨旦将来の子孫は皆殺しにするであろう、引き替えて汝、蘇民将来の子孫は守護しよう、と誓約するのである。さらにその子孫である証しを示すために茅《ちがや》（イネ科の細い葉をもつ草全般をさす）の葉を身につけるように指示したという。それで今でも人々は疫病を防ぐために茅を身に付けて御守りにしたり、家の門口に打ち付けて厄除けにしたり、餅や蒸し米を茅に巻いて粽《ちまき》（茅巻）にして食べるのだ、という茅の守りの起源説にもなっている。

現在の祇園祭の山鉾ではそれぞれ工夫を凝らして厄除けの粽を売っている。本来は巡行する鉾の上から見物衆に投げたのであるが、争って取るので怪我人が出かねない。それで現在ではあらかじめ売ることになったのである。その粽を買い求めて家の戸口の上に付けておく。粽にはていねいに「蘇民将来之子孫也」と書かれているものもあって、家の前を通る疫神がこれを見て、家に入るのをやめて通り過ぎる、と信じられている。

ここに至って御霊は、人格的な霊から、普遍的な疫病の神に変質し、さらに防疫の神（厄除けの神）になった、といえる。

浄土へのあこがれ

極楽往生の願い

横川の「なにがし僧都」

「平安貴族の死生観」で紹介した浮舟であるが、衰弱していた彼女を介抱し、保護したのが「横川《よかわ》に、なにがし僧都《そうず》とかいひて、いとたうとき（尊き）人」とその妹尼の一行であった。八十あまりになる僧都の母と妹が初瀬詣《はつせもう》でに行った帰り、母が急病になったという報を受けて、僧都が山籠もりしていた比叡山から急いで宇治へ駆けつけ、そこで大木の傍らに臥していた浮舟を見つけるという設定である。この横川の「なにがし僧都」は明らかに『往生要集《おうじようようしゆう》』を書いて浄土教を広めた源信《げんしん》をモデルにしている。歴史的な事実をアレンジしているが、その母も妹の安養《あんよう》尼《に》も『今昔物語集』などの説話に出てきて、それを意識して物語は作られている。

源信は大和国の生まれで、父は道心には欠けているところがあったが、母は熱心な念仏者であったという。九歳のとき比叡山の良源《りょうげん》の弟子になった。

師の良源は出自は恵まれなかったが、承平五年（九三五）に興福寺維摩会《ゆいまえ》で元興寺の義《ぎ》昭《しょう》を論破して一躍その名が知られるようになった。これをきっかけに摂関家の藤原忠平《ただひら》の知遇を得、またその子の師輔《もろすけ》とも交流するようになる。比叡山は、最初に最澄《さいちょう》が開いた根本中堂《こんぽんちゅうどう》のある東塔から西塔、さらにその北にある横川と、次第に修行の道場が奥地へと延びていく状況にあった。なかでも天暦八年（九五四）には藤原師輔の発願によって横川に楞厳三昧院《りょうごんざんまいいん》が建立され、良源に託されたが、それは七間の講堂、五間の法華三昧堂《ほっけざんまいどう》、同じく常行《じょうぎょう》三昧堂などがある壮麗な場所で、諸国の多くの正《しょう》税《ぜい》（国が収納する基本的な税）が運営費に充てられた。こうして楞厳三昧院は横川の存在を高

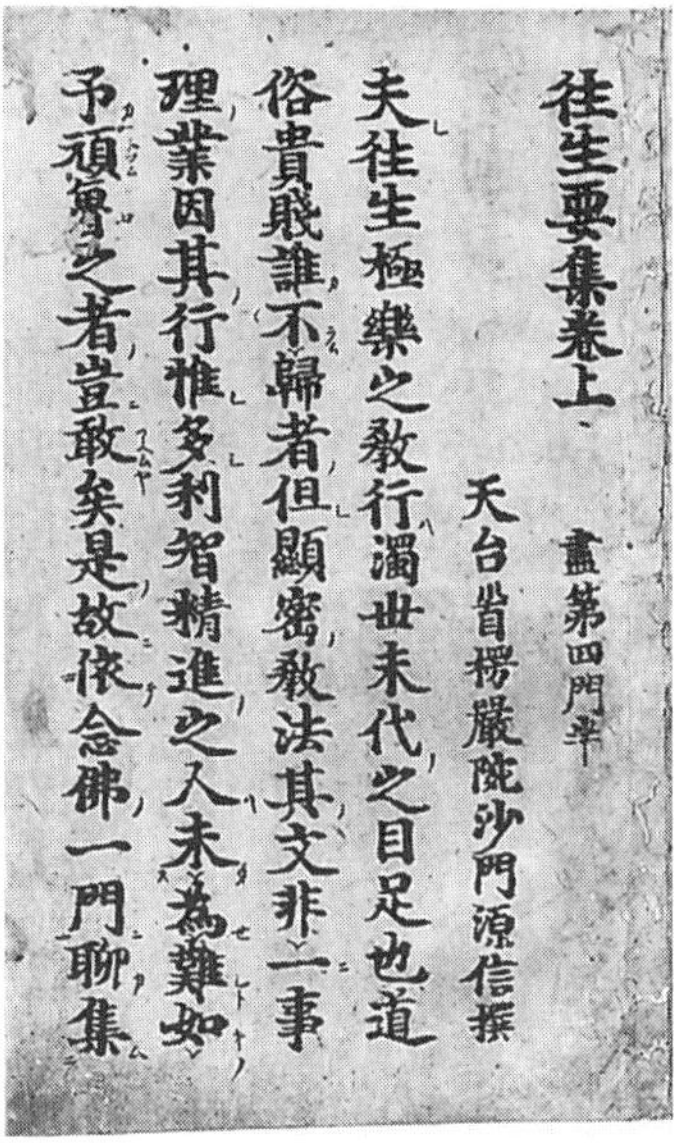
往生要集巻上　畫第四門半
天台首楞嚴院沙門源信撰
夫往生極樂之教行濁世末代之目足也道
俗貴賤誰不歸者但顯密教法其文非一事
理業因其行惟多利智精進之人未為難如
予頑魯之者豈敢矣是故依念佛一門聊集

図８　『往生要集』（建長五年版，龍谷大学図書館所蔵）

め、名実ともに横川の中核的な存在となる。ところが康保三年（九六六）に良源が五十五歳で天台座主《ざす》になってまもなく、比叡山は大火によって全山の堂舎がことごとく燃えてしまう。良源はただちに諸堂の復興を成し遂げたばかりか、西塔や横川の諸堂・道場まで拡充整備し、比叡山は旧観を一新することになる。こうして東塔・西塔・横川（北塔）という三つのブロック、いわゆる三塔を中心に多くの堂・坊が構成されるという延暦寺の体制が完成するのである。このため良源は延暦寺中興の祖ともいわれている。

源信の浄土教

源信が入山した時期はそうした時期に重なっている。天性の才能にめぐまれた源信は早くから学門僧としての名声が高かった。けれども師の良源が摂関家と積極的に関係をもち座主として権力を振るい、性格としても剛毅であったのに対して、源信は名声を嫌い、修行と著述に専念してほとんど隠棲の生活をした。三条の大后とよばれた冷泉天皇の皇后昌子《まさこ》内親王の御八講に召されて、その褒美としてもらったものの一部を、大和の母のもとに送って喜びを分かとうとしたのを、母は、あなたをそんなつもりで僧にしたのではない、「多武《とう》の峰《みね》の聖人」（増賀《ぞうが》）のようにりっぱな聖《ひじり》になって、自分の後世を祈ってほしい、といったので、源信は涙を流し、今後は山を出ることなく、修行をつづけることを誓ったという（『今昔物語集』）。また京中で頭打行《ずだぎょう》（食物を乞い歩く行）をしたとき、その名声に多くの人が競って施したのであるが、とりわけ円融天皇の后藤原遵子《のぶこ》（弘徽殿女御）が美麗に打たせた銀器に食べ物を入れて出したので、それ以後はこの行をやめてしまった、という話もある（『大鏡』）。寛弘元年（一〇〇四）には権少僧都《ごんのしょうそうず》に任じられたが、翌年の末にこれを辞したのも、その官的な地位を不本意としたからである。以後は「前《さきの》権少僧都」と名のった。藤原兼家《かねいえ》が良源を開基として建立した横川の恵心堂《えしんどう》にもっぱら籠もったので恵心僧都ともいう。

死後に、阿弥陀如来のおられる安穏な浄土に赴くことを願う浄土教の思想は、厳密にいうと、死後命が次々と新しい身体を得て連鎖する仏教の輪廻《りんね》の教えとは相容れないが、中国で成立し早くから流行していたらしい。その教義が、日本にも奈良時代以前の比較的早い時期から輸入されたのは、もともと日本には黄泉《よみ》の国という死後に赴く世界が想定されていて、その類似性から受け入れられやすかったのであろう。けれども奈良時代の浄土教はもっぱら亡くなった人への追善のために行われたもので、源信が布教したように現世の人があこがれ求めるような死後の世界としての阿弥陀浄土ではなかったらしい。

比叡山でも第三代座主円仁《えんにん》のころから法華三昧堂に加えて常行三昧堂が造られ、九十日間念仏を唱えつづける行がはじまり、阿弥陀浄土が求められるが、それはどちらかというと

図9　阿弥陀聖衆来迎図（安楽寿院所蔵，京都国立博物館寄託）鎌倉時代の作であるが，天台浄土教信仰に基づいて描かれている．

と教義の理解に基づく実践という高尚なもので、一般の人々の理解にはなかなか及ばなかった。それに比べると源信の『往生要集』が極楽浄土の美しさと地獄の恐ろしさを対比して述べながらも、浄土への往生のための観想《かんそう》（心を集中してそのものと一体となること）と念仏、という具体的な方法を提示したことは画期的であった。

その背景には、公家社会の知識階級である文人官僚や大学寮の学生《がくしょう》などによる浄土教に対するあこがれと、その教養摂取のブームがあるといわれている。『日本浄土教成立史の研究』を著した井上光貞氏は、日本の浄土教がまずこうした文人官僚のなかから起こったことを指摘して、彼らは五位程度の身分で官職にも資産にも恵まれない清貧の人たちで、信仰の背景には社会の腐敗に対する批判的精神があったと述べている。その代表的な人物が慶滋保胤《よししげのやすたね》で、彼とその周辺のものたちが中心となってはじめたのが浄土教の勉強会とでもいうべき勧学会《かんがくえ》である。

文人官僚慶滋保胤

慶滋保胤はもともと賀茂《かも》氏の出身で、父は陰陽師として知られた忠行《ただゆき》である。けれども彼は家業を捨てて中国の典籍を専門とする文章道《もんじょうどう》を学び、大学寮の文章生《もんじょうしょう》になって官庁に採用された人である。典型的な大学寮出身の中級官僚貴族である。名まえも本姓の「賀茂」の意味をとって中国風に「慶滋」の漢字に改め、さらに訓みを「よししげ」とした。文章家としても有名で多くの漢詩文を残しているが、なかでも有名なのが、天元五年（九八二）に平安京の南部にやっとそれなりの自分の邸宅をもつことになった顚末を書いた「池亭記《ちていき》」（『本朝文粋』一二所収）である。平安京の西部（右京）は湿地が多く荒廃していたことや、東部（左京）でも北部は貴族の高級住宅が多く、保胤は南部の六条に四分の一町ほどの邸宅をやっと建てたことなど、当時の京都の住宅事情を知ることができる重要な史料になっている。敷地内に造られた池にちなんで彼はみずからその邸宅を「池亭」と名づけるが、その邸内のようすを「池亭記」のなかで次のように述べている。

土地の高くなった所を小山にし、低く窪《くぼ》んだ所を穿《うが》って小池とした。その池の西に小堂を配して阿弥陀如来像を安置し、池の東には小さな高殿を建てて書籍を納める。池の北には住宅を置いて妻子を住まわせる。およそ建物は敷地の十分の四、池は九分の三、菜園は八分の二、芹田《せりた》が七分の一、そのほか池の緑松《りよくしよう》の島、白砂の汀《みぎわ》、紅の鯉に白い鷺、小橋に小船など、平生から自分が好むものはすべてここにある。

平安京北部の高級住宅とまではいかなくとも、現代の私たちの感覚からすると、十分にゆとりのある風雅な住まいだと思う。しかしながらそのなかでも象徴的なのは、池の西の阿弥陀如来像を安置する小堂、すなわち持仏堂と、池の東の書籍を納めた高殿、すなわち書庫、ということになる。文章道の学者としての書庫と、浄土教信仰者としての持仏堂、このふたつの建物を池を中心に東西に配置したあり方こそ、そのまま保胤の関心の所在を表しているといえよう。

その慶滋保胤が中心となって、大学寮の学生と天台宗の僧侶が二十人ずつ集まって勧学会がはじまったのは、康保元年（九六四）のことである。春三月と秋九月の年二回、十四日の夕べに、僧は山から麓へ下り、学生は月の出に導かれて寺に赴いて、参会する。次の日は朝のうちは法華経を講じ、夕方には阿弥陀仏を念じて、その夜は明け方まで法華経と阿弥陀仏を礼賛する詩文を作るのである（『三宝絵詞』）。目的は阿弥陀仏への結縁《けちえん》と極楽往生のための結束なのであるが、浄土教という新しい流行の要素を採り入れた同好の詩文会のような趣きがあった。しかしそのなかで保胤は、いっそう浄土の教えに傾倒して念仏の生活を徹底しようとする。そして寛和二年（九八六）ごろ、出家して寂心《じゃくしん》と名のり、横川に隠棲する。

「二十五三昧会」の設立

同年、この保胤の出家を機に設立されたのが「二十五三昧会《ざんまいえ》」といわれる念仏結社で、その設立に保胤が大きく関わっているといわれている。横川の住僧二十五人が根本結衆《こんぽんけつしゅ》となって毎月十五日に集まり、念仏をともにして極楽往生を願い、ともに励ましあって臨終を迎えようという会で、先の勧学会を発展させたようなものであった。そして発足してまもなく、花山法皇をはじめ源信も結縁《けちえん》して入会している。保胤（出家して寂心）が書いた会の規則「二十五三昧式」（発足当初の「二十五三昧起請」を発展させたもの）によると、結衆のなかに病人が出たときは互いに看病したり、往生院《おうじょういん》という建物を造ってそこに病人を移すとか、往生を遂げた者に対しては結縁衆がともに念仏して葬送すること、前もって安養廟と名づけた卒塔婆を建てて墓所とすることなど、きわめて具体的な内容が記されていた。

源信の『往生要集』が書かれたのは、この「二十五三昧会」が設立される二年前の永観二年（九八四）十一月であるが、石田瑞麿氏は、「二十五三昧会式」と『往生要集』に共通するものがあることを指摘して、こうした念仏者の動向のなかで『往生要集』が執筆され、「二十五三昧会」創立の精神的な支柱になっていた、と述べている。

『日本往生極楽記』

慶滋保胤は出家の前後に、極楽往生を遂げた四十五人の伝記を集めた『日本往生極楽記《にほんおうじょうごくらくき》』という書物を著している。その後『続本朝《ぞくほんちょう》往生伝』（大江匡房《おおえのまさふさ》）、『拾遺往生伝《しゅういおうじょうでん》』『続拾遺往生伝』（三善為康《みよしのためやす》）などの多くの「往生伝」が書かれるのであるが、その先駆けとなったものである。そのなかに選ばれた人物には、聖徳太子や行基など伝説的な過去の人たちもあるが、保胤とほとんど同時代の人も多く載せられていて、保胤に近いところで見聞された話をもとにしたらしいことがわかる。

たとえば、次に紹介するのは沙門心覚《しゃもんしんかく》の場合である。

延暦寺の沙門心覚は、権中納言藤原敦忠《あつただ》の四男である。官職は右兵衛佐《うひょうえのすけ》を経歴した。

康保四年（九六七）に出家し、師に従って胎蔵界《たいぞうかい》と金剛界《こんごうかい》の両界の法・阿弥陀供養の法を授けられ、一日三回この法を勤めて、一生つづけた。臨終のとき、少し病気になった。「同法」（修行の仲間）に語っていうには、尾の長い白い鳥がやって来て「いらっしゃい、いらっしゃい」と囀《さえず》る、そして西に向って飛び去るのだ、と。また目を閉じると極楽のさまが髣髴《ほうふつ》として眼前に現われる、ともいう。亡くなる日、「私が十二年間に修行し供養した善い行いを、今日すべて極楽のために差し出します」と誓った。亡くなった夜、「同法」のうち三人が、多くの僧が竜頭《りゅうとう》の舟に乗ってやって来て、心覚を迎えてこの世を去った、という同じ夢を見た。

平安時代の諸家の系図をまとめた『尊卑分脈《そんぴぶんみゃく》』にはこの心覚という人物はみえないのであるが、その父権中納言藤原敦忠についてはその名がみえ、天慶六年（九四三）三月七日に死んだことがわかる。『日本往生極楽記』では心覚が康保四年に出家したとあるので、『尊卑分脈』のいう父敦忠の死んだ天慶六年と齟齬はない。そして保胤の出家年が寛和二年（九八六）ごろであるから、心覚は保胤よりも少し年長ではあるが、ほぼ同時代人といってよい。保胤は彼の周辺から心覚の往生の際の経緯を聞いて『日本往生極楽記』の往生者のひとりとして採用したのであろう。

この往生伝のなかにはいくつか興味深い記述がある。ひとつは、「尾の長い白い鳥」「極楽のさま」「多くの僧が乗る竜頭の舟」といったように、極楽浄土とそれに関わるさまざまの様相が現前するということである。浄土教の教義は後世の法然《ほうねん》や親鸞《しんらん》のように念仏だけではない。経典の理解や写経、供養などさまざまの勉強や奉仕、奉納を通して極楽浄土を心に浮かべ、浄土と一体となる修行も必要であった。こうした極楽をあるがごとくに思い浮かべる行を「観想」といった。ここで極楽のさまざまな様相が現れるのもそうした修行の結果なのである。

もうひとつは「同法」といわれる往生をめざす仲間の存在である。それは先の「二十五三昧会」における結衆と同じで、ともに浄土教を理解し励まし合って臨終を迎えようとする仲間である。心覚が臨終近くなって病を得たときも、近くにいて看病し、尾の長い白い鳥がやって来て「こちらへいらっしゃい」と誘った、という彼の言を記録した。また往生したときも、その「同法」たちの複数が同じ夢を見ることによって、心覚の往生を証明するような存在であった。「二十五三昧会」のような極楽往生のための相互扶助の結社がすでにあちこちで生まれていた、ということになるだろう。

極楽浄土の視覚化

四天王寺の西門

大阪市天王寺区に現在もある四天王寺は、聖徳太子が四天王に誓願して廃仏派の物部守屋《もののべのもりや》を討ったあとに建てられた寺である。ところが平安時代に浄土教信仰が盛んになると、当寺の西門が極楽の東門に当たると信じられ、創建当初のいわゆる四天王寺式伽藍《がらん》といわれる回廊で囲まれた金堂・塔のある中心部から、信仰の中心が西門、そしてさらにその西の鳥居（いわゆる現在の西門の石鳥居）周辺に移り、この辺りが浄土教の聖地になる。平安時代には鳥居から西はそのまま難波《なにわ》の海につづいていた（現在すぐ西にある一心寺の伽藍は、そののち埋め立てられた跡に建っている）。そこで春と秋の彼岸に、この四天王寺の西門から西を望むと、真西に沈む太陽のなかに極楽の東門

図10　四天王寺西門（『一遍聖絵』巻二より，清浄光寺所蔵）

が開いて極楽のさまを見ることができると信じられた。「日想観《にっそうかん》」といわれ、先に述べた「観想」のひとつで、これを見るために多くの信者で賑わった。円融天皇の女御東三条院詮子（道長の姉）や藤原道長、その娘の上東門院彰子、息子の頼通《よりみち》もここで入り日を拝している。

鎌倉時代の絵巻であるが「一遍《いっぺん》聖《ひじり》絵《え》」巻二には、この四天王寺西門周辺のようすが描かれる。一遍が西門で名号《みょうごう》を書いた紙札を人々に配っている（賦算《ふさん》という）場面と同時に、西門には多くの男女が参っている。白布で目隠しした人物が合掌しながら歩む姿が描かれるのは極楽信仰に関する習俗であろう。この場面の左先には朱色の鳥居が立ち、その脇の柵の傍らに乞食《こつじき》小屋があり、さらに目を左へ移すと難波の海が連続し、舟が浮かんでいる光景がある。勧進聖《かんじんひじり》や念仏者だけでなくさまざまの身分の人が、ここから西方に広がる海の向こうに沈む太陽を見て極楽浄土のさまを観想しようとしたのである。実際、多くの念仏者がここからそのまま海に舟で乗り出して入水し、往生を遂げようとした。

明治三十九年（一九〇六）、京都市内東山の六波羅蜜寺《ろくはらみつじ》の近くで西念《さいねん》という僧の願文《がんもん》や和歌などとともに仏事供養目録が発掘された。それは彼が四十年にわたって行った経典の読誦《どくじゅ》や書写、仏像の図画と彫刻、堂舎の建立のほか、あらゆる施入と供養の内容をこと細かに記したものである。その願文によると彼は保延六年（一一四〇）八月に四天王寺西門沖の海に投身入水して往生の願いを果たそうとしたのであるが、海が浅くて思いを遂げることができなかった。そこで今度は仏神の告げを蒙り、永治二年（一一四二）三月、改めて住宅に穴を掘り、みずから供養目録や願文とともにその中に籠もって、往生することにした、というのである。その極楽往生の仕方は極端で、往生が目的となってしまった感があるが、いっぽうではそうした行為が驚かれたり礼賛されたりすることはあっても、とりたてて批判されることがなかったのは、それだけ極楽浄土の信仰が一般化する社会になっていたということになるだろう。

迎講の流行

現代も奈良の当麻寺《たいまでら》や京都の泉涌寺《せんにゅうじ》塔頭《たっちゅう》の即成院《そくじょういん》で行われる、歴史的には「迎講《むかえこう》」とよばれる行事がある（現在、寺では練供養会式《ねりくようえしき》あるいは二十五菩薩練供養法会式とよんでいる）。極楽に見立てた本堂とこの世に見立てた娑婆堂《しゃばどう》の間を橋でつなぎ、面と装束を着けて阿弥陀仏やそれに従う菩薩の扮装をし、香を焚き、雅楽や読経を称える荘厳《しょうごん》のなかで極楽の本堂から娑婆堂を練り歩き、娑婆堂にいるこの世の往生人を迎えるさまを見せる、一種の野外ページェントである。この迎講は源信《げんしん》が横川《よかわ》の花台院《けだいいん》ではじめたのが最初という。おそらく二十五三昧会《ざんまいえ》などの念仏結社のなかで、浄土を観想するひとつの行としてはじめられたものであろう。源信の『往生要集《おうじょうようしゅう》』は最終的には臨終の念仏をよりどころとしたが、そのほかの供養や施行、読経・写経などの諸行を否定したわけではない。そのなかで極楽浄土の美しさを讃え、その様相を思い浮かべたり、それを再現して回向《えこう》したりすることが独立して行われるようになると、人々はその視覚化されたもののほうの魅力に惹かれ、そこに信仰の重点をおくようになることは、いわばやむをえないことだったかもしれない。とくに一般人にとっては難解な教義よりも、視覚・聴覚化された、すなわち目や耳あるいは鼻に直接訴えるもののほうがより説得力をもった

図11　当麻寺迎講（桑原英文提供）

はずである。迎講が一般人にもてはやされたのは、そうしたいわば総合芸術による教えだったからである。

『今昔物語集』巻十九には源信が武士の源満仲《みつなか》を出家させる話がある（「摂津守源満仲出家する語」）。満仲は経基王《つねもとおう》の子で源氏に臣籍降下したが、諸国の国司を経歴して財を蓄え、最後には摂津守になった。同時に摂関家に仕え、ならびなき兵《つわもの》として威勢を張り、摂津国（現在の大阪府北部）の多田《ただ》を拠点とした。その子に源賢《げんけん》という源信の弟子になった僧侶がいたが、かねがね父の殺生の業を嘆いていた。そこで師の源信に相談して一計を案じ、源信が同衆と箕面《みのお》へ参詣する帰り道ということにして、多田の満仲の館に立ち寄る。源賢から源信は朝廷の招請にもなかなか応じない高僧であると聞かされた満仲は一行を歓待する。そしてその法要と説法を聞いてすっかり源信に帰依し、郎等とともに出家を決意するのである。源信は「今少し道心付けて帰らん」（もう一押し仏道の心を植え付けて帰ろう）と考えて、準備しておいた菩薩の装束十揃いを、笙や笛を吹く楽人《がくにん》を雇って着させ、池の西の山の後ろから歩かせるのである。源信も知らぬ顔をして念仏を唱えると、出家した満仲らはそれを見て手を擦り合わせありがたがったという。

この話はおそらく後世の人がつくったもので史実性は疑わしいが、それでも多くの人の信仰の機縁やその依拠がどのへんにあるかをよく物語っている。その後多くの僧がこの迎講を行い、市井の貴賤の結縁《けちえん》を集めることができたのは、ひとえにその視覚化された劇的な美しさと音楽的効果による陶酔感にあった。

そうした迎講のなかでも有名なのは東山祇園社《ぎおんしゃ》の南にあった雲居寺《うんごじ》の瞻西《せんせい》のものである。書博士《しょはかせ》安部俊清《あべのとしきよ》が臨終のとき「雲居寺の瞻西上人の迎講」のように音楽が聞こえてくる、といっている（『続拾遺往生伝《ぞくしゅういおうじょうでん》』）。また同じ東山の粟田口北の禅林寺にいた永観《ようかん》は寺内に東南院を設け十斎日ごとに往生講を修した。彼が催した迎講には都中の人がこぞって向い結縁したという（『中右記』天仁元年〈一一〇八〉九月四日条）。また承暦四年（一〇八〇）

十月八日に醍醐山の某聖人は、鴨川に架かる清水寺橋（五条橋）で迎講をしたが、のち左大臣にまでなる源俊房《としふさ》は結縁のためにそれに向かっている（『水左記』同日条）。鴨川に架かる清水寺橋を彼岸《ひがん》と此岸《しがん》をつなぐ橋に見立てて、阿弥陀仏と菩薩聖衆《しょうじゅ》の来迎《らいごう》のさまを演じたのである。河原には多くの結縁者が集まったであろう。

摂関家の浄土信仰

まず文人官僚のなかからはじまった浄土教の信仰であるが、その流行は十一世紀初頭にもなるとようやく摂関家などの上流貴族にも及ぶようになる。井上光貞氏によると、それは律令時代の堅固な身分的秩序がようやく崩れ、それとともに広汎に発達した新たな私的人間関係の構築と関係がある、という。たとえば諸国から中央の貴族に寄進されることで成立したいわゆる「寄進地系荘園」の展開は、中央の領主と諸国の荘官・荘民の関係を相対化することになった。また摂関の身分も天皇の外戚としての資格を条件としていたから、摂関家の権力は後宮に入れた子女が皇子を生むかどうかに関わっていた。そうした地位の動揺、生活の不安定さは、たとえば『源氏物語』のなかでは「宿世」とか「世の常なき」「さだめなき世」といったことばで表現されるようになる。

三代の天皇の後宮に自分の娘を入れ、摂政にまでなって栄華を極めた藤原道長であるが、彼は『往生要集』を読んでいた。少なくとも所持していた。というのも、当時から書の達人として知られた藤原行成《ゆきなり》が、寛弘二年（一〇〇五）に道長から『往生要集』を書写するように依頼されてそれを写したことが、彼の日記『権記《ごんき》』に記されているからである。道長は病気がちになり、次第に浄土教に傾倒しはじめたころである。浄妙寺を供養したのもこの年である。『栄花物語』（「うたがひ」）には六波羅蜜寺や雲林院《うりんいん》の菩提講《ぼだいこう》などのおりに行われる迎講の準備をしたことが書かれているから、これを信じるなら迎講にも結縁したのであろう。

無量寿院の創建

道長が出家したのは寛仁三年（一〇一九）三月二十一日のことである。法名を行覚《ぎょうかく》という。翌年には自邸土御門殿《つちみかどどの》の西に「無量寿院《むりょうじゅいん》」という九体阿弥陀堂を建立している。これがのちの法成寺《ほうじょうじ》のはじまりである。

藤原道長の土御門殿は平安京の東北に位置する南北二町、東西一町の大邸宅であるが、その東は東京極大路すなわち平安京の東端であった。東京極大路の東には鴨川が流れるが、その鴨川と東京極大路の間は寺院や貴族の閑雅な住まいがあった。ここはもう平安京ではなく山城国愛宕郡《おたぎぐん》である。貴族の閑雅な住まいというのは、たとえば『蜻蛉日記《かげろうにっき》』の作者藤原道綱《みちつな》の母が夫兼家《かねいえ》との夫婦関係に疲れて、天延元年（九七三）八月に一条西洞院《にしのとういん》の邸宅を処分してこの広幡《ひろはた》の地に移った、というのがよい例である。広幡というのは法成寺の地より南の中御門《なかみかど》大路辻から近衛大路辻までのあたりをいう。彼女はここから眺める東山の山並みや、鴨川からふんだんな水を引き込んだ庭園が気に入ったのである。いっぽうこの地に寺院が多かったというのは、当時、平安京内に私寺を建立しないという慣習があったが、東京極大路の東側は京外であったために、この制約から外れたのである。土御門殿の東京極大路を挟んだ東側に道長が無量寿院を建立したのはそんな条件に適ったからでもあった。道長の無量寿院建立以前に、その北には清和院《せいわいん》があってそこには土御門殿の厩《うまや》のための専用の秣田《まぐさだ》があった。このあたりには藤原兼輔《かねすけ》の堤《つつみ》邸とよばれる邸宅もあり、その兼輔の孫為時《ためとき》が『源氏物語』の作者紫式部の父に当たる。したがって紫式部もここに住んだと考えられている。「無量寿院」の南の地には道長と覇権を争った藤原顕光《あきみつ》の邸宅があったが、河原院の仁康《にんこう》上人に寄進されたのち、祇陀林寺《ぎだりんじ》という寺院になった。さらにその南、二条大路末の北には道長の父兼家ゆかりの法興院《ほこいん》があり、ここには吉田の積善寺《しゃくぜんじ》が移され、伽藍が整備されていた。

東京極大路の真ん中には京極川といわれる川が南へ流れていたが、この川を中川ともよぶのは、この中川の流れる東京極大路を挟んで、西側の道長の土御門殿やその北の染殿《そめどの》などの高級住宅街と、東側の寺院や貴族の別邸地域という対照的なふたつの景観を分けるようにして、その間を川が流れるからである。『源氏物語』で「中川のわたり」とか「中川のほど」とよばれるのはこの地域のことで、「中川の御堂《みどう》」とよばれたのも、道長の無量寿院のちの法成寺を想定しているといわれる。

無量寿院の九体阿弥陀堂という形式は、来迎の際の九種類の阿弥陀如来の様相（九品《くほん》）を、九体の像にかたどったもので、これを最初にして以降数多く建立される。現存する遺例としては、京都府南部の木津川市加茂に所在する浄瑠璃寺阿弥陀堂が有名である。

この無量寿院建立ののち、治安二年（一〇二二）には、九体阿弥陀堂を含むかたちで、東側に広がる池を真ん中にして、北に金堂、真東に五大堂、さらに薬師堂が完成し、池を取り囲んだ大伽藍が整う。これが法成寺である。金堂には高さ三丈二尺の大日如来像が安置され、五大堂には不動明王を中心に五大明王像が祀られていた。この年七月十四日の開眼供養会《かいげんくようえ》には、後一条天皇をはじめとして太皇太后の藤原彰子、皇太后の藤原妍子、中宮の藤原威子、皇太子の敦良《あつなが》親王ら、道長に連なる皇室の一族が揃って行幸啓し、儀式は朝廷の御斎会《ごさいえ》に準じて公的な行事として行われた。「法成寺」の額字は藤原行成が書いている。そして以前からあった九体阿弥陀堂はそのまま無量寿院を称することになった。

『栄花物語』の法成寺礼賛

『栄花物語』にもこの行幸啓や伽藍のようすが描写された場面がある（「おんがく」）。金堂・阿弥陀堂・五大堂・薬師堂のほかにも、池の東西の経蔵と鐘楼、南東に立つ塔、八角堂、金堂の北の講堂、そのほかにも法華三昧堂《ほっけざんまいどう》、十斎堂、釈迦堂など、その伽藍の規模の壮大さはもちろんいうまでもないが、『栄花物語』のこの伽藍の壮麗さを描写した場面は、ほとんど現実の景色とは思えないような美辞麗句が連ねられている。それは『往生要集』の述べる極楽浄土の理想像を投影しているからである。

たとえば、『栄花物語』の「のどかに院の内のありさまを御覧になると、庭の砂は水晶のようにきらめき、池の水は清く澄んでいろいろの蓮の花が列《なら》び生えている」というのは、『往生要集』の「水晶の池の底には瑠璃《るり》の砂があり、瑠璃の池の底には水晶の砂がある」とか、「青い蓮には青い光が、黄色い蓮には黄の光がある。赤蓮・白蓮にもそれぞれその光があって微風が吹き来ると、花の光が乱れ動く」といった極楽浄土の表現を少し言い換えただけである。あるいは『栄花物語』で「あの六時の讃《さん》で歌われているように、夜の景色は静かで、所々の仏堂の柱々の金物がきらめき（下略）」とある「六時の讃」というのは、源信の和讃「極楽六時讃」のことで、その字句を使って夜の法成寺の美しさを描写している。つまり『栄花物語』の表現は、源信の『往生要集』や和讃の影響が色濃いということであるが、より重要なのは、本来内省的であった源信の思想が、『栄花物語』では具体的な伽藍の荘厳さに置き変えられている、ということである。浄土信仰が、現実的な法成寺という大伽藍と仏像というかたちをとり、『栄花物語』における法成寺礼賛がそのまま浄土信仰を表明している。それはもともと『往生要集』のなかに内在していた、あるいは認められていたさまざまの信仰のなかのひとつ、「観想《かんそう》」といわれるような視覚的なものを容認する姿勢から派生しているが、貴族社会ではそれが仏堂伽藍の壮麗さとして独立し、ひとり歩きするようになったことを示している。

法成寺の大伽藍の建造には莫大な財力と労力が必要であった。財力と労力を投げ打って大寺院を建立し、仏像を安置することがそのまま阿弥陀への施入になり、極楽往生のための方便になり、浄土教の教義に適う。そして今度は反対にそうした壮麗な伽藍と仏像群が人々の信仰を生み出し、新たに美しい仏像や堂舎を造立する動機になっていく。

造営の功労者たち

先の治安二年（一〇二二）の、後一条天皇以下の行幸啓を記録した『法成寺金堂供養記』（『群書類従』）には、行幸啓があったことを記したあと、寺院建立の経過、仏事などの諸行事の次第、舞楽、詔文、衆僧の名、願文・呪願などの内容があり、つづいて仏像と建築の造立に功績のあったものに賞が与えられたことを記している。その人物と功績、賞の内容は次のとおりである（『左経記』の同日条で一部を補った）。

仏像の造立　大仏師定朝《じょうちょう》　法橋《ほっきょう》位《い》の叙位
造作（仏）行事　越前守従四位下源朝臣済《たすく》　従四位上の叙位
作堂行事　因幡守正五位下豊原《とよはら》朝臣為時《ためとき》　従四位下の叙位
金堂大工　木工大工従五位下常道《つねみち》朝臣茂安《しげやす》　従五位上の叙位
五大堂大工　修理少属《すりのしょうさかん》伊《い》香豊高《かのとよたか》　修理権少進《ごんのしょうじょう》への昇進

無量寿院の九体の阿弥陀像をはじめ金堂・五大堂・薬師堂の諸仏の造立は、規模といい量といいたいへんなものであったが、その造立の中心的な役割を果たしたのは定朝の父康《こう》尚《じょう》という仏師であった。彼は複数の木の材を組み合わせて大きい仏像を作る、いわゆる寄木造という技法をはじめた人で、この法成寺の造仏事業ではその技法が本格的に用いられた。本来ならその作業の中心となった康尚が賞をもらうはずであったが、彼はその功績を子の定朝に譲って彼に将来を託したのである。こうして定朝は仏師としてはじめて法橋という僧位を与えられ、仏師の社会的地位を高めることになる。

次の造仏行事の源朝臣済と作堂行事の豊原朝臣為時は、いわば施行監督をした人物で、前者の源朝臣済は造仏事業全体の総責任者であり、後者の豊原朝臣為時は建築に関しての事業の総責任者である。彼らは官位が上げられてともに従四位上になったのであるが、官職は越前守とか因幡守といったいわば実入りのいい地方長官である受領《ずりよう》である。実際の実務をするわけではないが、土木造作あるいは造仏のハウツウとでもいうべき専門的な企画知識をもっており、その配下に多くの専門の技術者を抱え、彼らを実際に動かして事業を進めるコーディネーターである。受領という裕福な官職はその事業を支える財政基盤であるとともに、その対価でもあった。

金堂大工の常道朝臣茂安と五大堂大工の伊香豊高は現代でいうなら現場責任者で、大工の棟梁とでもいうべき職人である。先にあげた行事の豊原朝臣為時の企画監督に従い、具体的に建物を完成させる作業をしたはずである。

こうした造仏や造堂の専門家・技術者が貴族の間では重宝されるようになり、開眼供養の儀式のなかで、天皇や施主である道長の前で褒美が与えられ、社会的な地位が飛躍的に向上するのである。それは浄土建築・造仏の需要拡大とともにますます大きくなった。

法成寺の建築や仏像は現在には伝わらないが、道長のあとその子頼通が宇治に建立した平等院はその華麗な姿を現在に残している。蓮の咲く池に浮かぶように楼閣の阿弥陀堂が建ち、その中に金色に輝く丈六の阿弥陀像が座し、仏像背面の来迎壁と堂の扉には来迎のさまをみせる彩色の絵が描かれ、長押《なげし》の上の壁面には雲の上で音楽を奏で舞を舞う菩薩像が懸けられる、そんな具現された極楽の浄土のさまがそのまま信仰になるというかたちで、浄土教も展開するのである。浄土教美術が王朝文化のひとつの典型として質の高い芸術作品になるのは、その制作そのものが信仰だからである。

プロローグで述べた『後拾遺往生伝《ごしゅういおうじょうでん》』の、男の夢に極楽往生を遂げた母親が出てくる話であるが、男が、この世では「極楽いぶかしくば宇治の御堂を敬え」（極楽を不審に思うなら宇治の平等院を拝みなさい）という童謡があるが、実際の極楽の世界はどのようですか、と尋ねると、母親はとてもとても比べようもなく美しい、と答えたという。このことは逆からみれば、平等院の阿弥陀堂が極楽信仰の対象になっていたことを示している。

邦恒堂の仏像

平等院の創建とほぼ同じころ、定朝は平安京内右京の四条大路南、馬代《ばだい》小路《こうじ》西にあった藤原邦恒《くにつね》（九八六～一〇六七）の私邸内の持仏堂にも丈六阿弥陀像を造っている。のちに邦恒堂といわれる堂である。藤原邦恒は、安芸守邦昌《あきのかみくにまさ》の子であるが、父と同様、丹後・備後・備中・尾張・伊予・阿波・讃岐などの国司を歴任した典型的な受領階級の貴族である。春宮権大夫《とうぐうごんのだいぶ》の藤原資房《すけふさ》は天喜二年（一〇五四）五月三日にこの邸宅に赴いているが、そのとき邦恒邸のありさまを日記（『春記』）に次のように書いた。

寝殿の前には岸辺の曲線が美しい池があり、その風情はとても優美である。また寝殿は壮麗でその豪華さは身分不相応のぜいたくなものである。その邸内に大堂一宇が建ち、丈六阿弥陀仏が安置されている。その尊顔は満月のようで、堂のありさまは華麗でまことに賛嘆すべきである。また湯屋がある。あちこちに趣向が凝らされている。富裕の人物は万事が心のままである。このようなことを見るたびに、おのれの心願は遂げがたいと悲しんでしまった。

資房は、邦恒邸の持仏堂の華麗さ、阿弥陀仏の円満なお姿を拝して、富裕の者は万事が心のままで、自分のようなものは願いが叶わないと、羨みとも諦めともとれる嘆息をついている。豪奢な堂と仏像の造立には、邦恒が受領を経歴して蓄えた財力が関わっているのだというのである。

この持仏堂は彼の死後も「邦恒堂」といわれて、堂内の定朝作阿弥陀如来像とともに残される。とくに阿弥陀如来像は仏像の「本様」（手本）とされ、たとえば長承三年（一一三四）六月十日には、定朝の孫弟子に当たる仏師院覚《いんかく》とその弟子院朝《いんちょう》たちがこの邦恒堂を訪れ、梯子を使って仏像に乗り、体の各部を細かに採寸している。文字どおり定朝の仏像をそのまま模写しようとしたのである。こうした定朝の後継者たちが、その後京都の各地で多くの造寺造仏事業に関わり、華やかな浄土教美術を残すのである。

けれども、資房が富裕の人物は万事が心のままであるが、自分には叶わないと、羨みながらも悲しんだように、信仰の篤さが貧富の差に左右されるような財力に依存する造寺造仏の風潮は、多くの人を救済から漏らしてしまうことになりかねなかったはずである。資房のような公家はまだしも、日々の暮らしに追われるような人はどのように信仰を維持すればよいのか。そこにもう一度、念仏行の基本に立ち返ろうという宗教運動が起こるのは自然の流れで、やがて鎌倉時代になると法然《ほうねん》や親鸞《しんらん》のようにただひたすら念仏さえ唱えれば救われる、とする教えも出現するのである。

もうひとつの浄土

御嶽精進の流行

『源氏物語』の「夕顔」で、源氏が五条の家で夕顔と一夜を過ごしたことはすでに述べた。空がしらんでくると、近所の人が起き出す。家が近いので、壁を隔てた隣同士の会話や、雷のように鳴り響く唐臼の音がする。源氏が夕顔を引き連れ、場所を変えようと車を屋敷内に引き入れて外へ出ると、明け方も近くになっていた。

鶏の鳴き声は聞こえないで、その代わりに御嶽精進《みたけそうじ》であろうか、老人めいた声で、額を地面につけて拝む声がする。礼拝するのに立ったり座ったりするのが辛そうに行っている。朝露にも変わらないこのはかない世の中に、いったい何の利益《りやく》を求めようとする行いか、とお聞きになると、「南無当来導師《なむとうらいどうし》」と拝んでいるようだ。
「あれをお聞きなさい。この世の利益だけの思いではなかったのだ」
と感心なさって、
優婆塞《うばそく》が行ふ道をしるべにて来む世も深き契りたがふな
（優婆塞の修行する道を目じるしにして、あなたとの来世までの深い契を違えないでおくれ）
白居易《はくきょい》の長恨歌の愛の誓いの例は縁起が悪いので、「比翼の鳥のように」（比翼は雌雄が一緒にならないと飛べない架空の鳥で、男女の睦しいたとえとされた）と歌うところを、弥勒菩薩の世までと約束されたのである。将来の約束は何ともおおげさだ。

平安京の庶民が多く住む五条付近では、鶏の朝を告げる時の声がしない。というのもそもそも飼っていないからである。むしろ鶏を飼っているのは源氏の住む高級住宅街である。それは陰陽道による生活の行動規範を決定するために、鶏を鳴かせて夜明けの時を知る必要があったからである。その鶏の時を告げる声に代わって五条付近では、御獄精進の呪文の声がしたという。御獄精進は、奈良の奥地吉野山から山上ヶ岳《さんじょうがたけ》に至る「金峯山《きんぷせん》」といわれる山岳霊地に参詣するいわゆる「御獄詣で」（金峯詣で）をするのに、先立って行う潔斎のことである。

その潔斎は五十日、百日にも及ぶかなり厳重なものだったらしい。同じ『源氏物語』の「手習」のなかで、横川《よかわ》のなにがし僧都《そうず》の母である老尼君が初瀬詣《はつせもう》での帰りに急病になったとき、最初にとった宿ではたまたま御獄精進の最中で、「同じところに年老いて重病になった人がいるのはどんなものだろうか」といわれて、暗に退去を求められたのは、もし亡くなってしまって死の穢れになったらどうしようか、ということであった。また『枕草子』でも「あわれなるもの」として、身分の高い若い男性が、御獄精進で隔離された場所に籠もり、やつれたさまで地面に額を押し付けて礼拝するようすをあげている。

金峯山には蔵王権現《ざおうごんげん》が湧出したという巨岩があり、その霊地を巡る修行が行われた。古くは役 行者《えんのぎょうじゃ》がこの高山で霊力を得、呪術を使い、修験道を開いた。のち密教と習合し、醍醐寺《だいごじ》を開いた聖宝《しょうぼう》が、寛平七年（八九五）に吉野川の渡船を設け、金剛蔵王像を山上山下に祀って以降、修験道の霊場になった。険しい高山に苦しい思いをして登り祈ることによって、願を成就させようという、山岳修行の信仰である。とくに浄土教の末法思想が盛んになると、弥勒菩薩の住む兜率天《とそつてん》へ往生しようとする上生《じょうしょう》思想や、釈迦が入滅して五十六億七千万年ののちに仏陀としてこの世に出現するのを待つ下生《げしょう》思想が起こり、その霊地ともなる。

しかしその本来の信仰は、現世利益の要素の強いものであったらしい。源氏が「夕顔」で、最初に御獄精進の声を聞いたとき、「このはかない世の中にいったい何の利益を求めようとする行いか」とまず思ったのは、現世的な利益を求める祈りだと考えたからである。けれどもそのあと「南無当来導師」と弥勒菩薩の名を唱える声を聞いて、現世の利益ではなく、来世のことを祈っているのだったと気がついた、というのである。

藤原道長の金峯山詣で

藤原道長も、寛弘四年（一〇〇七）八月に金峯山詣でをしている。それに先立つ閏五月十七日、まず鴨川で祓《はら》えをしてから室町の源高雅《たかまさ》邸を精進所にしてここに籠もった。そのあとの笠置寺《かさぎでら》・祇園感神院《ぎおんかんしんいん》・賀茂社などへの参詣、松ヶ崎での祓えなども潔斎の一連の行事であろう。そして実際に金峯山に向けて出立したのは八月二日のことである。平安京の南門にあたる羅城門を出て鴨川を船で石清水《いわしみず》八幡《はちまん》まで下り、一泊する。次の日は奈良まで行って大安寺に宿泊。その後、井外堂《いどどう》・軽寺《かるでら》・壺坂寺《つぼさかでら》・観覚寺・現光寺と大和国の霊験所を経由して南下し、七日間をかけて八月九日にようやく大峯の宿坊寺祇園に着いている。翌日、山上ヶ岳の蔵王権現が出現した御在所《ございしょ》（現在の大峯山寺）に到り、さらに次の日、山上にある子守《こもり》明神や三十八所神に参詣したのち、ふたたび御在所に戻って七僧・百僧といわれる多くの僧侶を請じて灯明をあげ、経を供養した。その経は膨大な量で、三十八所神のための法華経百部や八大龍王のための般若心経《はんにゃしんぎょう》百十巻をはじめとして、別に一条天皇・冷泉上皇・中宮藤原彰子・東宮居貞《いやさだ》親王らのための大般若経の理趣分《りしゅぶん》八巻など、それに加えて道長自身が以前長徳四年（九九八）に書写した経典と今回書写した経典などである。これらの経典は、供養の法会が終わってから蔵王権現の前に埋められ、その上に金銅の灯籠《とうろう》が立てられて常灯が供えられた。

このとき埋められた経典などの遺物は、元禄四年（一六九一）になって山上ヶ岳の山頂付近から偶然見つけられた。なかでも金銅経筒《きょうづつ》は銅製の鍛造品で鍍金が施されたみごとなもので、円筒の周囲には埋納の経緯、所願の内容を記した五百字余りの銘文が刻まれていた。そしてこの経筒に納められていた長徳四年・寛弘四年の年紀が認《したた》められた紺紙金《こんしきん》泥経《でいきょう》は、現在各所に分散して伝わっている。この埋納は一条天皇と道長娘の中宮藤原彰子との間に皇子が誕生することを祈願したもの、という説が有力であるが、銘文には「釈尊の恩に報いて弥勒に知遇する」とあって、将来この地に弥勒菩薩が下生することを想定して、そのときのために経典を残そうとした趣旨が読みとれる。

図12　金銀鍍宝相華文経箱（延暦寺所蔵，京都国立博物館寄託）

上東門院彰子の如法堂結縁

経典を書写し、未来の来たるべき弥勒菩薩の下生に備えて土中に奉納品とともに埋めた遺跡を経塚《きょうづか》とよんでいるが、この道長の金峯山埋経はそのもっとも古いものである。その後金峯山に限らず各地の高山・霊所にこうした経塚が作られている。なかでも有名なのは、円仁《えんにん》が天長年間（八二四〜八三四）に横川の首楞厳院《しゅりょうごんいん》で書写した如法経を弥勒菩薩下生まで伝えるために、覚超《かくちょう》が埋納しようとしたことである。覚超は源信《げんしん》の弟子で、顕教《けんぎょう》の才は彼に次ぐといわれ、二十五三昧《ざんまい》会《え》の根本結衆《こんぽんけつしゅ》のひとりでもあった。円仁の如法経は横川の如法堂内の宝塔に納められていたが、長元四年（一〇三一）、覚超はこれを堂内の地下に埋納することを計画した。藤原道長の娘上東門院彰子もこれに結縁《けちえん》して助成し、そのときの願文《がんもん》が残っている。大正十二年（一九二三）以来の数回の発掘で遺物が発見されたが、なかでも金銀《きんぎん》鍍《と》宝相《ほうそう》華《げ》経箱《きょうばこ》は彰子が作らせたもので、みずから書写した法華経八巻が収められていたと考えられる。丸みを帯びた筐体、金銀をていねいに塗り分けた華麗で繊細な唐風の花文様、さらには箱の内部に密やかに刻まれた小さな花弁など、全体的に女性らしい優美な経箱である。ここには極楽浄土を願って造られた多くの美術品と相通じるものがある。釈迦入滅後五十六億七千万年後に出現する弥勒菩薩の世を願う気持ちは、基本的にこの世を厭って阿弥陀の浄土を願う気持ちと同根の、同じ質のものだったのである。

あの世の伝達者

菅原道真の御霊

官人菅原道真

京都市のほぼ中央、四条烏丸《からすま》から西南へ三〇〇㍍《メートル》ほど行ったところ、京都特有の街並のなかに菅大臣《かんだいじん》神社という神社がある。東西南北一町四方の家並の裏側に囲れるようにして境内がある。三方の街路に入り口を開いていてそれぞれの口は狭いのであるが、中に入ってみると意外と広い境内地である。「菅大臣」という名まえのとおり菅原道真《すがわらのみちざね》を祀る神社であるが、この地は平安時代にできた『延喜式《えんぎしき》』の付図に「天神御所」と書かれたところで、菅原家の邸宅のあったところである。道真もここで生まれたと伝承されていて、境内に産湯に使ったとされる誕生井と称するものがある。「天神」はもちろん道真が死後、天神として出現し、崇められたための名称で、「天神御所」もこの地が道真の誕生した聖地にちなむ名まえである。ちなみにこの地の一町北の町は「紅梅殿《こうばいでん》」とよばれる、やはり菅原家の所領地だったところで、現在は道真の父是善《これよし》を祀る北菅大臣社《きたかんだいじん》がある。

このように後世、道真のことを「天神」とか「聖廟」とよぶようになった。「聖廟」は北野天満宮の社殿のことであるが、道真は神となって祀られたので、「天神」と同様、実名でよぶのを憚って社殿でよぶようになったのである。

こうして神になった道真であるが、実際の歴史上の彼はきわめて真面目な官僚、あるいは実直な政治家であった。彼の作った詩に次のようなものがある。

灯《ともしび》を廻《めぐ》らして束帯す　早衙《そうが》の初め
倦《う》まず街頭に蹇《な》へたる驢《むま》を策《むち》うつことを
暁の鼓は鼕鼕《とうとう》として　何れの処にか到る
南は吏部《りほう》にして　北は尚書《しょうしょ》

（「早衙」・川口久雄校訂『菅家文草』）

まだ夜も明けない暗いうちから灯火のもとで出勤のための装束を着て準備をし、馬に鞭打って役所への道を走らせると、出勤を促す暁の太鼓の音が響き渡る、というのである。

毎日まじめに役所勤めに励んだ仕事人間のようすがうかがえる。

菅原氏は、大王の葬送儀礼に関わる土師《はじ》氏から分かれて、古人《ふるひと》のとき許されて菅原氏に改姓した。その後、律令官人としての道を歩むことになる。古人の子清公《きよきみ》は、幼少より学問に優れ、大学寮に学んで国家試験である「対策」に及第し、遣唐使として入唐している。帰朝してからも昇進をとげ、従三位《じゅさんみ》にまでなった。その子是善も、早くから父清公に学問の指導を受け、大学の「対策」に及第して文章博士《もんじょうはかせ》となり、昇進して参議《さんぎ》になった。この是善の子が道真である。道真も祖父・父と同様の道を進み、大学寮の文章生《もんじょうしょう》から立身した人である。貞観十二年（八七〇）には最高の官吏登用試験である「方略試《ほうりゃくし》」に合格し、そののち少内記、民部少輔《しょうすけ》、式部少輔・文章博士と順調に昇進を重ねていった。この時期、大学寮は官吏登用機関としての最盛期で、優秀な人材を輩出し、公卿《くぎょう》に昇進するものも多かった。やがて藤原氏が公卿を独占すると家職の固定化が進み、同時に登用機関としての大学寮も衰退することになる。

阿衡紛議

仁和二年（八八六）、道真ははじめての地方官として讃岐守に任じられる。その在任中に起こったのが阿衡紛議《あこうのふんぎ》といわれる事件である。これはこのとき宇多天皇が即位し、太政大臣藤原基経《もとつね》の功に感じて基経を関白にする詔を発したことがはじまりである。基経は慣例によりそれを辞退したのであるが、それに対してなおそれを翻して就任を促した勅答の文章の中に「宜《よろ》しく阿衡の任を以て卿の任をなすべし」とあった。基経は「阿衡」はただの位であってその職掌はないとし、朝廷への出仕をやめ、そのために政務が停滞したのである。これはその勅答の草稿を書いた文章博士橘広相《たちばなのひろみ》をおとしめるために基経の家臣の藤原佐世《すけよ》が謀ったこととといわれている。

このとき国司として讃岐にあった道真は、基経に対して意見書を出し、この事件が学問の衰退を招き、また基経にとっても益のないことを主張して、事件の速やかな解決を訴えた。この意見書の効果は定かではないが、実質的にこの後事件は解決していて、基経は関白になっている。そしてこの意見書は、結果的に基経にとっても宇多天皇にとっても、道真の信頼を高めたといわれている。道真は、どこまでも誠実なひとりの政治家だったのである。

讃岐守の任期が終わって京都に帰ってきた道真は、寛平三年（八九一）に蔵人頭《くろうどのとう》に任じられる。これは天皇の側に近侍する要職で、その後の昇進を決定づけるものであった。同じ年に式部少輔、左中弁を兼任し、同五年には参議となって公卿になった。この間の躍進には若い宇多天皇の信頼があったことが考えられる。寛平六年には大納言に任じられる。

大宰府への左遷

宇多天皇から醍醐天皇に帝位が移ると、さしもの菅原家の繁栄も、その後援を失って翳《かげ》りをみせるようになる。醍醐天皇即位の当初は、藤原時平《ときひら》が左大臣に、道真は右大臣に任じられるが、道真の勢力を恐れた時平が、彼に天皇廃立の企てありとして讒言《ざんげん》したのである。そして延喜元年（九〇一）、道真は大宰権帥《だざいのごんのそち》として九州に左遷されることになる。そのとき宇多上皇は、道真の左遷を決定した天皇を諫めるために清涼殿まで参上したが、道真に恨みをもっていた蔵人頭の藤原菅根《すがね》がこれを天皇に取り次がなかったという。

道真の悲嘆ははなはだしく、九州に至るまで道中の各地にいろいろな伝説を残している。代表的なのは、途中の寄港地で道真が船から下りて宿に着くと道真の座が用意されていなかったので、それを憐れんだ漁師たちが自分たちの使う船の纜《ともづな》を渦巻状にして座とし、道真を座らせたという。彼は、恥ずかしさと憤りで、一夜のうちに白髪になったという。その綱を敷いて座る姿の天神像を綱敷《つなしき》天神といい、瀬戸内海沿いのいくつかの寄港地に道真の伝説とともに祀られている。

任地に赴いた道真は、悲しみと恨みのなかで二年後に亡くなる。

怨霊の出現

恨みを残して大宰府で亡くなった菅原道真が、最初に怨霊《おんりょう》として出現するのは、のちに比叡山延暦寺の座主《ざす》になる法性房尊意《ほっしょうぼうそんい》のもとであった。尊意が修行する坊の妻戸をほとほとと叩く音がするので、開けてみると道真の霊であったという。道真は生前、尊意から仏法の教えを受けていて、二人は師弟の関係であった。道真がいうには、自分はすでに梵天《ぼんてん》・帝釈天《たいしゃくてん》の許しを得て都の人々に恨みを果たすことになった。ついてはあなたにたとえ天皇から祈禱の要請があっても受け入れないでほしい、というのである。尊意は、たしかにあなたとは師弟の間柄ではあるが、天皇からの勅が三度になったら（三度を重ねるのが当時は最上の礼であった）、これを断ることができないであろう、といった。この答えを聞いた道真はたちまち顔色を変え、前に供されていた柘榴《ざくろ》の実を口に入れ、妻戸に向かって吐きかけると、炎が立ち上がる。尊意は灑水《しゃすい》の印を結んでこの炎を消した、という。この憤怒の様相をした天神を柘榴天神という。

その後、清涼殿に雷が落ちると、醍醐天皇は修験をもってこれを鎮めようと、尊意のもとに勅使を送り、ついにそれが三度に及んだので、尊意は牛車を仕立てて内裏のもとに駆けつけようとする。ところが鴨川が氾濫して洪水のために渡ることができない。そこで尊意が法力を使って水流の中に牛車の通るべき道を作り、無事に内裏に赴き、道真の怨霊を

図13　柘榴天神（『北野天神縁起絵巻断簡』より，東京国立博物館所蔵，出典：ColBase）

鎮めることに成功した。

延喜九年（九〇九）には、左大臣藤原時平が病の床に臥せる。時平は、当時修験の評判の高かった浄蔵《じょうぞう》をよんで祈禱させるのであるが、浄蔵の父の三善清行《みよしきよゆき》が時平を見舞いに行ったところ、時平の両耳から道真が化した青龍が頭を出し、梵天・帝釈天の許しを得て怨敵に報いようとしているので、子の浄蔵の調伏《ちょうぶく》を止めさせるように言ったという。清行は阿衡紛議のときにも意見書を提出した、道真とは同じ大学寮出身の文人官僚である。彼はその言に恐れおののき、その旨を子の浄蔵に伝えたので、浄蔵は祈禱を止めて時平の病室を退出した。時平はその後まもなく亡くなったという。

道真の託宣

こうしたたび重なる怪異がつづくなかで、延喜二十三年（九二三）四月二十八日、道真は本官の右大臣に復され、正二位が贈られ、さらに大宰府に左遷を命じた宣旨《せんじ》が焼き捨てられたのである。けれどもその後も道真の御霊は恐れられ、たびたび現世に多くの人のことばを借りて働きかけ、影響力をもつことになる。

承平四年（九三四）、大和国金峯山《きんぷせん》で修行中の僧道賢《どうけん》上人（日蔵《にちぞう》）が頓死し、地獄巡りを体験する。そのとき、地獄で「大政威徳天《だいしょういとくてん》」と崇められた菅原道真に出会い、無実の道真をおとしめた罪で苦悩する醍醐天皇に託されて、蘇生ののちこのことを天皇に奏上する。

天慶五年（九四二）七月には、右京七条二坊十三町（現在の京都市下京区西七条辺）に住んでいた童女多治比《たじひの》あや子に道真の託宣が下りる。それは、道真は生前に平安京の北郊にある「右近の馬場」を遊覧したことがあり、御霊となってのちもここに到ると、そのころを思い出して憤る心が一時的に鎮まる、そこでこの地に社殿を造って自分を祀れば恨みを収めるであろう、というものであった。道真が生前にしばしば遊んだという右近の馬場とは、天皇のもっとも近くで警衛する宮中の守衛隊左右近衛府の内、右近衛府の軍隊が馬術を鍛錬するための馬場で、平安京右京に接する京外一条大宮の北西に位置した。毎年近衛の舎人《とねり》が五月四日に荒手結《あらてつがい》、五月六日に真手結《まてつがい》といわれる騎馬を競った。『北野天神縁起』に「都のほとり閑勝の地、この所にしくはなし」とあるように、閑静な景勝地でもあったらしい。この「右近の馬場」こそ現在の北野天満宮の地である。

託宣を受けたあや子は、史料によって「奇子」「文子」「綾子」などと、いろいろな表記で書かれるが、右京七条の地に住んだ巫女だと考えられている。しかしこのときの彼女は、賤しい身分のこととて、託宣のいう右近の馬場には社殿を構えることが叶わず、やむをえず自分の邸内に小祠を造って道真を祀ったという。

ところがこれから間もない天暦元年（九四七）三月十二日、近江国高島郡（現在の滋賀県高島市、琵琶湖の西岸に当たる）比良《ひら》郷の神良種《みわよしたね》の子で太郎丸という七歳の子にも同様の告げが下りる。それによると、右近の馬場は「我が饗宴の地」で、そこに移ろうと思う。その傍らに松を植えよ。また懺悔のために法華三昧堂《ほっけざんまいどう》を建てて、時ごとに大法螺を吹いてくれたならばどんなにうれしいことだろう。そして自分の告げが真実である証拠を見せるためにその地に松を生やそう、と約束するのである。実際、良種が右近の馬場に赴き、かの地の朝日寺《あさひでら》の住持最鎮《さいちん》、弟子の法儀《ほうぎ》・鎮世《ちんせい》にこの告げの内容を話し相談していると、一夜のうちに数千本の松が芽生え、たちまち松林になって、託宣が真実であることを証明したという。そこで、良種はこの朝日寺最鎮と弟子の法儀・鎮世、さらには俗人の狩弘宗《かりのひろむね》

図14　北野天満宮社殿

らを率い、そして先に述べた多治比あや子とその後援者である僧の満増《まんぞう》や増日《ぞうじつ》、俗人の星《ほし》川《かわの》秋永《あきなが》らの協力も得て、あや子の邸内に祀られていた祠を右近の馬場に移し、協力して現在の北野天満宮の基礎をつくったのである。この年の六月九日のことであった。

北野天満宮の創建

こうして道真は、多治比あや子と良種の子太郎丸の託宣をきっかけに、天神として北野右近の馬場の地に祀られることになるのであるが、その実際の社殿建立と運営に当たっては多くの僧俗の与《あずか》るところとなる。とりわけ僧侶の力が大きかった。具体的には、良種を支援した朝日寺の僧最鎮と、多治比あや子を支援した僧の満増や増日のふたつの大きな勢力であって、この両者はその後北野社内部の紛争にまで発展する。

その後、天徳四年（九六〇）までに御殿を改造すること五度に及んだというが、そのうち天徳三年には、右大臣藤原師輔《もろすけ》によって自邸の建物が神殿として寄進された。師輔の父忠平《ただひら》は道真をおとしめた時平の弟であったが、時平とは違って道真と親しい関係をもっていたという。師輔の寄進はそうした父以来の道真との親近性によっている。

道真自身が太郎丸に託宣して、懺悔のために法華三昧堂を建て大法螺を吹くように、といったことからも想像できるように、北野社はその創建当初から仏教的色彩が濃厚であった。この法華堂は、のちのことであるが、正応四年（一二九一）に再建されたことがみえる。北野社にとっては根幹的な建物として建てられたことが想像できる。また、多治比あや子自身も、法華経十部・金光明経《こんこうみょうきょう》一部・仁王般若経《にんのうはんにゃきょう》二部を書写し、三間四面の堂を建立して観音菩薩を安置している。こうした北野社の神仏習合の性格はその後もつづき、長徳元年（九九五）、曼殊院門跡《まんしゅいんもんぜき》の初代である延暦寺の是算《ぜさん》が北野天満宮別当に任じられ、寛弘元年（一〇〇四）十月二十一日、一条天皇の行幸に際して法橋《ほっきょう》に叙せられると、以後北野社は曼殊院門跡の管轄となる。曼殊院門跡の支配下、室町時代には社内には祠官・目代《もくだい》・宮仕《みやじ》といった社家僧の組織が整備されて神社を運営し、北野宮寺といわれた。室町時代の北野社境内図（北野参拝曼荼羅）には本殿の南東に朱色の多宝塔が描かれているが、それは神仏習合の象徴的な姿だといえよう。

巷間の巫女たち

多治比《たじひの》あや子や太郎丸の託宣が機縁となって神社が創建されたという事実はそれとして、一般に託宣の内容が真実かどうかはどのようにして担保されるのであろうか。

託宣の担保

京都の西郊花園の地では、何度か御霊会《ごりようえ》が行われたのであるが、その最初の長和四年（一〇一五）の御霊会のときは『百錬抄《ひやくれんしよう》』では花園あたりに神殿を建立して疫神を祠るようにという「疫神託宣」があったと記している。同じ事件を記した藤原実資《さねすけ》の日記『小右記《しようゆうき》』では、もう少し具体的に「西洛（西京）人」の夢想もしくは託宣が祭礼の発端であったことを述べている。このとき実資はこの託宣に対して多分に懐疑的で「深く命を惜しんで真偽を尋ねなかったのではないか、もし霊験があったのなら篤く帰依しよう」といっている（同記長和四年六月二十五日条）。託宣はそれだけでは事実として認められることなく、それが真実であることを世間一般に広く知らしめるために、予言とそれに呼応する「霊験」が必要であった、ということであろう。それは先の北野天満宮の場合でいうなら、太郎丸の託宣のなかの「真実である証拠を見せるためにその地に松を生やそう」という予言であり、その結果として右近の馬場において一夜のうちに数千本の松が芽生えてたちまちに松林になった、という結果である。

二回目の花園の御霊会のとき、すなわち永承七年（一〇五二）のときであるが、「御霊と疫病」で述べたように西京の住人の夢に、神人と称するものが出現して「私は唐朝の神で、住む所がなくてこの国に流れ来たった。拠るべき場所がないので、私が到るところはことごとく疫病を起こすが、もし私を祀り住む所を作ってくれたなら、病を起こすのを止めよう」と約束したのだった。それにつづいて「汝に瑞相《ずいそう》を示すので、その場所を私を祀る社《やしろ》を建てる所とせよ」という。はたして西京の住人は双寺《ならびでら》の傍らに光り輝く鉤《かぎ》の形を印として見出し、その場所に社殿を造ったのである。

またこれも先で述べたが、天延二年（九七四）五月下旬、高辻東洞院《たかつじひがしのとういん》の助正《すけまさ》が神託を受けて自分の居宅を旅所《たびしよ》とし、祇園《ぎおん》の神輿《みこし》を迎えることになったとき、助正の受けた神託のあと今度は祇園社の社人《しやにん》が本社から蜘蛛の糸をたどると、助正宅の後園の狐塚にまで行きついて、この神託の正当性を証明している。霊告に対応する霊験が現れることをもって託宣の事実が確定するのである。

巫覡の活躍

こうした託宣は、京中京辺のあちこちにいた巫覡《ふげき》（巫は女性の巫女、覡は男性の男巫）によってもたらされたであろう。宮中には神祇官の管轄に五人の御巫《みかんなぎ》とよばれる公的な巫女がおり、神を祀り、神楽を舞い、託宣を受けていたし、有力な神社にも専属の巫女が奉仕していたが、民間にも多くの巫女がいて個々の人々に生活の指針を与えていた。平安京遷都後間もない延暦十五年（七九六）、「市廛《いちくら》」において妄《みだ》りに「罪福を説き、百姓を眩惑」した罪で本国の越前国（福井県）に送還された生江臣《いくえのおみ》家道女はその典型で、「罪福を説」いたというのは具体的には富や縁談、健康といった類に関することであろうが、要するに現世的な利益の方法を指南した、ということであろう。そうした、人々に対する社会活動上の規範や指針は、むしろ社会の安定のためには必要だった。そしてそれは基本的に神仏の言を借りる告げのかたちで示されるわけだから、一種の託宣といってよい。その託宣の対象が個人的な利害に関わるか、社殿の建立や祭礼の創始といった社会的な事件に関わるか、という違いにすぎない。

弘仁三年（八一二）九月二十六日、政府は次のような太政官符《だじょうかんぷ》という法令を出した。

近年、諸国は民間でのたわいもない怪異や妖言の類いを信じて頻繁に報告してくる。それはあるいは国家に言及したり、根拠のない災難や安寧に関するものである。法に反し風紀を乱すのはこれほど甚だしいものはない。諸国はこれを検察せよ。今後はもし民のなかで託宣だというものがいたら、男女を問わず罪科に処せ。ただし神のことばであることが歴然としているなら、国司が検察して事実を見極め、言上せよ。

諸国にいる巫覡の託宣は頻繁にあって、国の官庁はこれに困惑していたようすがうかがえる。その内容はさまざまで、国家のことから民間の雑事までさまざまであった。法令では根拠のないむやみな託宣を制限して、これを監視し処罰しようとしたのであるが、最後に明白な神言については、糺明のうえ事実なら報告するようにと、例外を認めている。

民間の巫覡の活動を政府は監視したが、けっきょくそれを完全には無視できなかったのは、一般の人々の生活のなかでは、巫覡の託宣はその活動としてふつうにあるものだったし、その上で社会が成り立っていたからである。託宣がもとで社会的な事件にまで発展した場合には、朝廷はそれを追認するしかなかった。

『年中行事絵巻』に描かれた巫女

十二世紀後半の京都の行事と風俗を描いた『年中行事《ねんじゅうぎょうじ》絵巻《えまき》』という絵巻がある。後白河法皇が年中行事の衰微を憂いて、絵師の藤原（常磐《ときわ》）光長《みつなが》らに描かせたといわれている。重宝として蓮華王院《れんげおういん》（三十三間堂）の宝蔵に納められていたが、寛文六年（一六六六）の内裏焼亡によって原本が焼失し、それ以前に後水尾上皇が住吉如慶《すみよしじょけい》・具慶《ぐけい》父子に命じて模写させたものが残っている。写しではあるが、平安時代の絵画資料がほとんど残っていないなかにあって、年中行事や公家の儀式だけでなく、庶民の風俗などをうかがわせる貴重な資料となっている。

そのなかに京都近郊の鎮守社の境内で闘鶏が行われる三月三日の行事を描いたものがある。『年中行事絵巻』は墨画の素描で写されたものも多いが、この場面は彩色でていねいに描かれている。境内の中央、大小の祠の前で二羽の鶏が闘うのを、周りを囲むようにして多くの男女が見物したり、自分の鶏をもって出番を待っていたりする。そのなかで左側の小さいほうの祠の左方に茣蓙《ござ》を敷いて座る老婆がいる。右脇に曲げ物の桶を置き、左手の女性たちと何やら会話をしているようすである。よく見ると膝前に鼓を置いている。おそらくこれは巫女で、鼓はこれを打って憑依し口寄《くちよ》せ（みずから霊媒となって神や死者のことばを語ること）するときに用いるのである。神社で闘鶏のような行事があれば、そこに集まる人を目当てにこうした場に出てくるのである。

　今度は場面の右のほうに目を転じてみよう。赤い鳥居の上方、柴垣につづいて家がある。屋根は板葺《いたぶき》であるが、竹の袖垣《そでがき》と網代垣《あじろがき》に囲まれ、かなりりっぱな屋敷である。家の中が覗いていて、真ん中の、脚の根本が丸くて四角い盤を乗せた高坏《たかつき》を中心に、三人の女性が囲むように座っている。向こう側正面、こちらを向いている年配の女性は左肩のあたりにやはり鼓を置いて、それを打っているようにみえるが、これもやはり巫女である。この巫女は室内にいて、服装もきちんとしているので、先の祠のそばで茣蓙を敷いて座っていた巫女に比べると身分は高そうである。高坏の両側の二人の女性はこの巫女に対しており、客であろう。左側の女性が主人で右側の女性はその供である。主人の女性は被《かず》いた小袖を肩に下ろし、身分も高そうである。よくみると、家の戸口に円錐状の漏斗《ろうと》のような形をしたものが置いてあるが、これは綾藺笠《あやいがさ》（市女笠とも）といって、身分の高い女性がかぶる外出用の笠である。つばが深いので顔を隠すことができる、貴人の女性にとっては不可欠な外出具であった。戸口に置いてあるところをみると、室中の客の主人のほうの女性のものであろう。つまりこの身分のある女性は、供の女を連れて、この屋敷に住む巫女の託宣を聞きに来たのである。

こうしてこの闘鶏の場面には身分の違う二人の巫女がいる。そしてそれぞれの巫女には託宣を求めるさまざまの身分の人がやってきた、ということになる。神社の創建や祭礼の創始に関わるようなそんな大げさな託宣だけではない、日常の悩みや指針を求める人にとって、巫女は社会的な役割をもっていた。けれども両者は託宣として共通する性格をもっていたはずである。

富裕の巫女

平安時代の学者藤原明《あき》衡《ひら》（九八九?～一〇六六）が書いたとされる『新猿楽記《しんさるがくき》』という漢文の書がある。右衛門尉《うえもんのじょう》とその一家、すなわち三人の妻、十六人の

図15　鎮守社での闘鶏（『年中行事絵巻』より，個人蔵）

娘、九人の息子たちとそのそれぞれの配偶者が稲荷祭の見物に出かけ、そこで演じられるさまざまの「猿楽」（寸劇や曲芸・手品その他雑芸）を楽しむという架空の設定をし、そのなかでいろいろな用語を使うことで知識とともに語彙を学ぶ、一種教科書のような役割をもたせた本である（「往来物」という）。稲荷祭は、平安京より南へ、鴨川を渡った伏見にある稲荷社（現在の伏見稲荷大社）の祭礼であるが、祭礼そのものは平安京の南部の七条あたりで行われ、京中の旅所に神輿が渡御して一ヵ月ほど駐留する。その間、旅所周辺でいろいろな見せ物が行われる。

右衛門尉一家はそれを見に行っている。この稲荷祭は、朝廷の祭ではなく、平安京の南部に住む都市民のいわば土俗的な祭礼である。『新猿楽記』が活写するのも、そうした都市の人々の活力と雑多な見世物であって、この書が庶民的で風刺的な、特異な性格をもつとされるのもそんなところからきている。そして前半は芸能の列挙であるが、後半は家族の個々の職業になる。その職業も博打《ばくち》打ちからはじまって、武者、富農、儒者、相撲、馬借、工匠、医師、陰陽師など実に多彩である。もともと多くの職業を紹介することを意図し、知識を披瀝しているために、内容は煩雑で極端ではある。

そのなかで四の御許《おもと》（四女）の職業は巫女である。

四番目の娘御は巫女である。占い、神楽《かぐら》、梓弓《あずさゆみ》の神降ろし、霊媒の口寄せの名人である。舞の袖を廻らすのはまるで仙人の遊ぶようだし、歌声は極楽浄土の迦陵頻伽《かりょうびんが》の鳴き声のように美しい。琴の調律をとるまでもなく在所の神は降臨し、鼓の拍子を打つまでもなく霊力のある狐は耳を傾けて聞く。そんなわけで世の中の男女は、占ってもらおうと切れ目なく列をなしてやってくるし、遠近の貴賤は群衆になって集まってくる。お供えの精米は積み上げられて納める倉も足りないほどである。御幣《ごへい》の紙はたくさん集まって数えることもできない。

巫女の仕事を占い（占）、神楽（神遊）、梓弓の神降ろし（寄絃《よりつる》）、霊媒の口寄せ（口寄）の四つに集約し、舞と歌の美しさが神とか狐（野干《やかん》）を引きつけて、巫女の霊力の源になっている、というのはもっともであるが、内容の中心はむしろ後半の、奉納の米と御幣の紙が大量である、という経済的な得分のほうにある。この四の御許の記述につづいて、その夫のことが述べられるのであるが、その彼は金集百成《かなつめのももなり》といい、左馬寮《さまりよう》の史生《ししよう》で七条以南の保長（保という地区の長）、かつ鍛冶・鋳物《いもじ》師、金銀銅の細工師であった。つまり地区の有力者でかつ金属細工師という典型的な在地の富裕人である。四番目の娘御の巫女の財力は、この夫の財力と対応して書かれているのである。『新猿楽記』はこうした新興の都市の動向を積極的にとりあげるのであるが、巫女はそうした新しい富裕の勢力として紹介されている。もちろんこれは巫女の一面を捉えたものであろうが、巫女がたんなる宗教者だけでなく、そうした経済的な側面をもち、人々から羨望される要素をもっていたことがわかる。

あや子の系譜

巫女あや子を支援する人々

北野天満宮創建の根本史料のひとつに『北野天満自在天神宮創建山城国葛野《かどの》郡《ぐん》上林《かんばやし》郷《ごう》縁起』という長い書名の縁起がある。末尾に「天徳四年六月十日　根本建立宜禰多治記」という署記があり、多治比奇子《たじひのあやこ》自身が著したと考えられている。その内容は、「菅原道真の御霊」の節ですでに述べたように、天慶五年（九四二）七月十二日に右京七条二坊十三町に住む奇子に道真の託宣が下り、卑賤の身のことで邸内に祠を作って祀ったこと、天暦元年（九四七）六月九日に北野の地に天神の社殿を移すことができたこと、今に至るまで十四年間、社殿を五たび改造し、「三間三面庇檜皮葺《ひわだぶき》」の社殿にしたこと、とくに法華経十部・金光明経《こんこうみょうきょう》一部・仁王般若経《にんのうはんにゃきょう》二部を書写し、「三間四面」の堂一宇を建てて観世音菩薩像を安置した、とまずみずからの功績を主張している。そのうえで、万物にはすべて根元があって、その源を絶やしてしまったら信仰を継ぐことができない、この宮に参詣する人々は、僧俗貴賤を論ぜず、奇子の子々孫々に至るまで功績を伝え、その指揮に従いなさい、と述べている。また大小の諸官衙（役所）がおもねりの感情で動いたり、以前のものを翻して偏った判をしたならば「天神之幽罰」を蒙るであろうともいい、最後に「近在地」（在地人）に事実の証明の判を請うたのである。

実際、恩頼堂《おんらいどう》文庫本『北野天神御託宣記文』所収の「縁起」写本には、他本にはみられないその近在の証判人の名が記されている。それは、「当郡（葛野郡）刀禰《とね》」として「右近衛大尉若江」ほか二名、「建立村刀禰」として「木工史生《もくのししょう》高階」ほか五名という、北野天満宮建立地に居住する在地の有力者と思われる人物（刀禰は在地の長）、それに「くだんの宮建立の根本の由」（建立の経緯）を詳細に知る「刀禰」として「右京北辺一保刀禰」ほか七名である（北野天満宮は平安京の外辺の葛野郡にある。「右京北辺一保」はその南に接する平安京側の住所になる）。そうした彼らが、具体的にあや子の活動とどのような関係をもったかは明らかではないが、あや子の天満宮建立には、それを支援するような地域の勢力があって、あや子の巫女としての活動の基盤が想像できる。

この文章がいささか主張の強い調子になっているのは、現在は縁起として残っているが、もともと自分の権益を守るための公的な訴状だったからである。西田長男氏によると、当時、神社創建のもう一方の立役者である朝日寺《あさひでら》の最鎮《さいちん》らの一派が菅原氏と結んで神社内で次第に勢力をもちつつあった。藤原師輔《もろすけ》の社殿寄進を受けて、北野社は一躍大伽藍《だいがらん》をもつことになるのであるが、そうした神社興隆のなかで、あや子一派は、最鎮の一派から次第に軽んじられ、神社の運営から遠ざけられるようになったらしい。そこであや子が最鎮らの一派に対抗し、みずからがこの神社の創建に果たした功績と権益を主張したのだという。

鎌倉時代の「相子」

その後の北野天満宮におけるあや子の立場がどのようになったのか、ということは明確な史料がないのでよくわからない。ところが、鎌倉時代になってこの「あや子」の後裔と思われる記事が、権大納言三条実躬《さんじょうさねみ》の日記『実《さね》躬卿記《みきょうき》』にみえる。その正応三年（一二九〇）九月五日条に、

去月二十八日、「北野社僧妻女」に託宣があった。もとのように「法花三昧堂《ほっけざんまいどう》」を建て、「不退法花経」を転読せよということである。けれども社僧らがさまざま問答してなお不審を抱いたところ、女はけっして疑いをもってはいけない、これをみせよう

といって、小龍を口から吐き戻した。その長さは五寸〈約一五糎《センチ》〉ばかりであったという。この一部始終を多くの人が参って拝見した。その後もなお連々と託宣のことがあった。小龍はこの日奉納しなさいということである。そこで今日「恒例祭」において申刻〈午後四時ごろ〉に奉納されたということである。日増しに成長し今は二尺〈六〇糎《センチ》〉ばかりになっているという。伝え聞いた分は以上のとおりである。珍事というべきか〈欠字が多く意味をとりにくいところもあるが試みに訳した〉。

「北野社僧妻女」に託宣があって「法花三昧堂」を建て「不退法花経」を転読せよということ、その託宣が真実である証明として口から小龍を吐いたという話である。これだけではこの「北野社僧妻女」の正体はわからないのであるが、同じ『実躬卿記』の翌年六月二十四日条に、この託宣を受けて建てられたと思われる法華堂の供養の記事がある。

今日、北野法華堂の供養がある。この法華堂は「相子」の託宣により、朝廷のとり仕切りとして春宮大夫《とうぐうだいぶ》家教の奉行で造立された。長門国の知行が費用として充てられたのであるが、供養は少し延期され、今日遂行されることとなった〈以下参列公卿《くぎょう》などの名まえは省略〉。

ここで先に託宣した「北野社僧妻女」は「相子」と言い換えられている。想像するに日記の筆者実躬は、当初「北野社僧妻女」の名まえを知らなかったのであるが、その後情報を得てその女性の名を「相子」としたものであろう。法華三昧堂は、北野天満宮創建当初、道真が太郎丸に託宣して「懺悔のために法華三昧堂を建て大法螺を吹くように」といった天満宮にとっては重要な堂であり、神社にあってはこの再建を託宣する女性といえばまず思い当たるのは多治比あや子のような巫女をおいてほかはない。江戸時代の史料であるが、医師黒川道祐《くろかわどうゆう》が著した地誌『雍州府志《ようしゅうふし》』（貞享三年〈一六八六〉）の北野宮の項には、次のようにある。

菅神のはじめは五条（七条の誤り）の文子宅に出現したもので、それ以後当社（北野社）に遷った。「文子」の夫の末裔は代々仁太夫と称し、神職を勤める。その妻は代々「文子」と称して女巫を勤める。

文子（あや子）には夫がいて仁太夫といったこと、文子は代々「文子」を称し、巫女であったことを述べている。『実躬卿記』に「北野社僧妻女」とあるのは、僧と神職の違いはあるが、『雍州府志』で「文子」が神職の仁太夫の妻であった、という様態と類似している。『実躬卿記』のいう「相子」は多治比あや子の後裔で、「あや子」の音がなまったものと考えてよいであろう。

「相子」の宗教活動

「相子」の託宣ののち法華堂が完成するまで、「相子」自身も供養に向けての尽力をしたらしいが、『実躬卿記』によるとそのなかで次のような事件が起こった。すなわち正応四年（一二九一）三月十六日条と翌十七日条で、両条は連続する事件を記している。

のちに聞いたところによると、昨日、山門（延暦寺）から二人の使者僧が北野社に参ったのだが、笠を着て（かぶって）旅装のままの姿だったので、宮人から脱ぐようにいわれたところ、山門の使者は種々悪口に及んだ。それは「相子」がけしからんという内容で、このとき「相子」は如法経を書写している最中だったのである。そこで勧進をしている諸人が何度もその行為を咎めたのである。それで山門の使者が神社を退出したところ、北野社の宮人や智禅の下人が鳥居の外でその使者僧を殺害したのだという。このことは有房朝臣が語ったことだという（三月十六日条）。

（この条で、『実躬卿記』の活字本『大日本古記録』本では「相子」を「松子」としているが、先に記された「相子」が正しいであろう）

今暁、山僧（延暦寺の僧兵）が数十人、相子宅に押し寄せ、高松明神旅所と相子宅・執行房・智禅房ともう一宇の建物を打ち壊したという。希代の珍事である。前代未聞のことである。相子以下これにつき従う社僧はみな逃げて行方をくらましたという。私は今日、賀茂と北野に参るついでがあって、これを実検した。不可説で気の毒なことである（三月十七日条）。

「相子」が法華三昧堂建立のための勧進をし如法経を書写していたところ、山門の使者が悪口を言ったので、「相子」の配下と思われる宮人や智禅の下人によって殺害されてしまった。それで翌日、延暦寺の僧兵がその報復のために発向して、相子宅やその配下の執行房・智禅房などの房舎を打ち壊したのである。

ここで驚かされるのは、「相子」の北野社における立場が、思いのほか大きく扱われていることである。まず第一に如法経書写が法華堂建立を勧めることを目的としたものであったことを考えると、「相子」はたんに託宣を受けただけの巫女ではなく、主体的に法華堂を建立しようとする宗教活動を行っていたことになる。第二に、そうした「相子」の宗教活動を取り巻く多くの北野の宮人や社僧がいるということである。山門の攻撃の目標がもっぱら「相子」であったことを考えると、事件の中心には常に「相子」がある。十七日条にあるように、相子宅と同時に打ち壊された智禅らの社僧は、相子に「付き従う所の」ものと認識されていた。第三に、「相子」の宅地や智禅らの房が高松明神旅所の近くに集中してあったということである。この時代の「相子」の宅地や高松明神の正確な位置はわからないが、江戸時代にはあや子宅は北野天満宮の南方の西の京にあり、高松明神も天満宮境内の東に接してあった。おそらくほかの社僧の房舎とともに北野社の南方、西の京に集中したのであろう。

こうした『実躬卿記』における「相子」の一連の記事は、かつて北野天満宮が創建された当時の巫女多治比奇子の姿を彷彿とさせる。当初「北野社僧妻女」と記した三条実躬ものちに彼女の存在を認識するようになって「相子」と記したのであろう。

惣の一あや子

室町時代のあや子は、それと比べるとずいぶん凋落している。『北野社家日記』は北野の社家松梅院《しょうばいいん》の日記であるが、その永正七年（一五一〇）三月条によると、「二所八幡の御子」（石清水八幡社《いわしみずはちまんしゃ》の巫女か）が、北野社「そう（惣）の一あやこ」から北野社の神楽料の権利を文安二年（一四四五）二月十五日に買得した、という古証文を提示して、その権益の譲渡を北野「あやこ」に迫っている。「惣の一」というのは在地の巫女集団の長で、その巫女を統括し、神社に対しても一定の権威をもっていたらしい。この時の北野社家の松梅院禅光《ぜんこう》は次のように反論している。

当社の惣の一あや子の神事役を、八幡の惣の一が文安二年の売券があると号して訴訟を起こしたが、その証拠は明らかではない。また社家でもそのことはまったく認知していない。とくにこのあや子は神託によって職に任じられていて、ほかとは異なる特別なものである。今後も障害なく参勤することにまちがいはない。よって言上するところである。

すなわち、この文安二年の証文が疑わしいことを述べたうえで、あや子は神託によってその職に任じられ、その由緒によったものであって、他社の巫女の関与するところではない、すなわちあや子の後裔のもののみ任じられるべきものである、と述べている。ここではあや子は、北野社家の配下にある在地の（民間の）巫女として存在しているようにみえる。もはや神社経営そのものの関与からははずれていたのである。

女子相承の巫女

江戸時代になって、先の『雍州府志』の記事のように、あや子の夫仁太夫の存在が明らかになるが、この仁太夫は北野天満宮の組織のなかでは、祠官・目代《もくだい》・宮仕《みやじ》の下にある「禰宜《ねぎ》」を称する職階をもった下級神職であった。あや子は神子（巫女）職に任じられて巫女に就くわけであるが、その就任申請をするのは夫仁太夫の役目であった。北野神社の目代記録のなかに「神子職補任幷太々神楽覚帳《みこしきぶにんだいだいかぐら》」という江戸時代前中期の史料があって、そのなかに実際の就任願いが数通残されている。それによると夫の名まえは仁太夫に限らず、半竹、半太夫（半大夫）ということもある。そこからあや子とその夫の系図を復元すると、元禄七年（一六九四）神子職補任の綾子の夫半竹は、もと右京といい、三代以前神子の子であったといい、次の宝永元年（一七〇四）神子職補任の綾子も、先代綾子と禰宜半竹との間の男子（半大夫）との結婚によって継承されている。さらに次の享保二年（一七一七）神子職補任の文子は養女であった。血の流れとしては、三代以前神子―半竹（右京）―半大夫―文子（ただし養女）というように、かなり便宜的に男女の系譜を取り混ぜて巫女「あや子」の血統はつなげられてきた。女子相承の巫女職という建前ではあるが、「あや子」の系譜はかなり融通されて伝えられてきたことがわかる。

江戸時代の「あや子」の神社における主たる役目は、①御忌日の際の神供配膳、②大御《お》湯《ゆ》大神楽の勤仕と神供、ということになるが、あや子の夫神楽所半太夫は、享保三年五月十七、八日ごろ、「日参講中《にっさんこうちゅう》」（神楽講ともよばれる）として太々神楽を興行する許可を曼《まん》殊院門跡《しゅいんもんぜき》に取り次いでほしい、と北野目代に申し来たっている。その興行の内容は、幣神楽、榊《さかき》神楽、太刀神楽、鉾《ほこ》神楽、弓神楽、枝神楽、杓神楽、笹神楽、という十種の採り物神楽からはじまって、檜扇《ひおうぎ》合舞、男舞、山巡、という盛りだくさんの見せ物興行的な要素の強いものであった。巫女の人数も十人にのぼり、設営も舞台となる神楽所に見物人のための張り出しを設け、矢来《やらい》を結い、札を発行して銭をとったり、神楽所の前の愛染堂《あいぜんどう》の戸を開いてその前に桟敷《さじき》を設け、幕を掛けるなどの大がかりなものであった。この興行を問題視したのは北野社の宮仕たちであったが、それは半太夫が、湯神楽を行って札・祓《はら》え（幣帛《へいはく》）を配布し独自の宗教活動をしようとしたからである。けっきょく半太夫・あやこと宮仕側とは和解が図られ、決着をみるのであるが、その和解内容というのは、従来の札・祓えの配布を祓えのみとすること、本社内の神楽所で行っていた御湯神楽講をあや子の私宅において行うこと、すでに決まっている願主に対してのみ行い、ほかの新たな信者を交えないこと、といったものである。

注目されることは、本社境内の神楽所で行うことは問題になるが、「あやこ」の「私宅」で行うことは、まったく問題にされていない、ということである。「あやこ」の祭祀は、こうして北野天満宮の本社から「あやこ」の私宅内に祀られた文子天神社に移されることによって独自の展開をする。翌享保四年八月に再度行われた太々神楽のときには、その世話人となる具体的な講中の主だった施主の名が書き上げられているが、その数は二十一人にのぼり、そのほかにも「手引きの陰講中」が百六十一人あったという。「あやこ」を中心とするこの日参講といわれる講はかなりの組織力をもって京都市中に広がっていたことが推定できる。天満宮を創建し神社内でも大きな勢力をもったあや子は、その後在地(民間)の巫女として権威をもち、江戸時代はこのあや子の宅地を基盤に宗教活動を行ったのである。

「あやこさん」のお祭

巫女あや子は、明治になってもつづいた。すなわち明治四十二年(一九〇九)から翌年にかけて、北野天満宮で刊行された北野天満宮の社史『北野誌』には、

又当社の神子職を代々上月文子という。こは創立の功臣なるを以て、曼殊院宮より当社の神子職補任の節、代々文子と襲名せしめらる、例となりて、明治維新に至れり。

とあって、「創立の功臣」の由緒を以て代々「文子」を襲名して巫女職に任じられている「上月文子」のことを特記したのである。けれどもその後の上月文子の行方はわかっていない。

現在、北野門前の西の京では四月にあやこ天満宮祭という祭が行われている。北野社境内、本殿の東北に位置する末社文子天満宮に祀られている天神が、四月第三日曜日の三日

図16　文子天神祭

前の木曜日に、その社殿から西京北町所在の文子天神旅所へと神輿《みこし》で渡御し（神幸祭）、その地で三日間祀られた後の日曜日に、ふたたび本社地に帰って行く（還幸祭）。祭日は本来四月十六日であったのが、ほかの多くの神社と同様、近年奉仕する人たちの都合で日曜日に変更されている。この文子天神旅所の地はかつて、現在の北野社内に鎮座する文子天満宮のあったところで（明治六年までこの地にあった）、おそらく上月文子の宅地もここにあったのであろう。

　北野西の京地区では、室町時代に北野祭が行われなくなると、江戸時代に入ってからは西の京の農村で行われていた私祭の瑞饋祭《ずいきまつり》がそれに代わるようになる。そして十月に行われるこの北野瑞饋祭を運営する西之京瑞饋神輿保存会が兼ねてこのあやこ天満宮祭の世話もしている。瑞饋神輿と同様、神輿は西京十三町を巡るが、本社や旅所での特別の神事というものもなく、旅所で神輿を安置して祀るだけになっている。「あや子」の名まえだけを残す規模の小さい祭にはなっているが、いまもって西京の人々は、この祭を「あやこさんのお祭」と親しみを込めたことばでよんで、神輿を迎えている。

異界との境界

一条戻橋

京都の範囲

平安京は東西約四・五㌔、南北約五・三㌔の方形の都城で、大内裏の皇居・官庁街と若干の公的な施設を除けば、もともと居住するための住宅地に充てられた地域であった。東西南北を一定の間隔の大路小路で枡目に区切っているのであるが、それを条坊という。そこに身分に応じた広さの宅地が給付された。しかしながら平安京全域にわたって整然と邸宅が並んでいたわけではない。右京は湿地が多くて住居には不適だったので、貴族の大邸宅は土地が乾燥していて出仕に便利な大内裏の東や南に集中しており、さらに一般都市民はその南に多く住むことになった。要するに環境にしたがって人の住む場所も限られたり広がったりして、自然と新しい京都の街並と景観ができたので

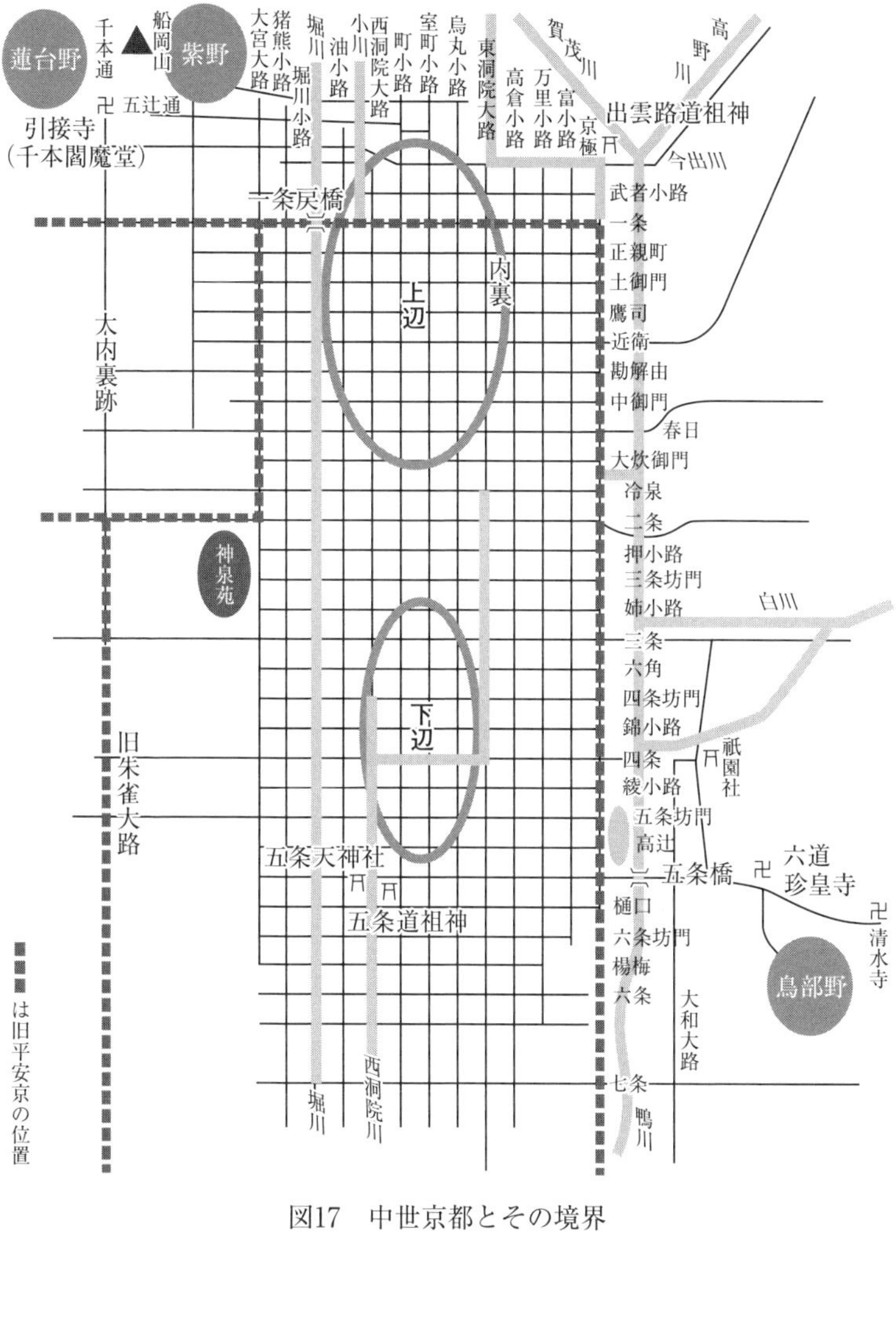

図17　中世京都とその境界

ある。そうしてできた新しい京都の町は、西側の右京部分はほとんど人が住まないいっぽうで、左京は平安京の北端を越えて北へ延び、東側も東京極大路を越えて鴨川堤の西側まで、南の方は貴族邸が散在しながらも、一般都市民の小家が七条大路ぐらいまで密集するという景観になった。

こうして新しくできた京都は、東は鴨川、西は大宮大路（東大宮大路）または堀河小路ぐらいまでの間で、南北に細長い町になるのであるが、その南北の中心軸は町尻小路（町小路。現在の新町通）またはその東の室町小路になる。そこである地点を指示するのに、東西の通りをいえば、おおよその場所も認知することができる。たとえば『源氏物語』でいう夕顔を見出した「五条のあたり」という表現がこれである（「五条」は東西の通りである五条大路のこと）。さらにこの南北に細長い京都の町は、大きく北部の高級住宅街と南部の都市民の街区というふたつの町に分けることができる。その境は二条から三条ぐらいで、北部を上辺《かみわたり》、南部を下辺《しもわたり》という。もっともこれは大まかな区分で、上辺にも都市民の小家はあるし、下辺の都市民の住宅街のなかにも貴族邸があったりする。

こうした京都の町の形態は、その後の京都の町の基本となる。室町時代には、この上辺と下辺はその間に空閑地を置いて、上京《かみぎょう》と下京《しもぎょう》というふたつの町になり、それぞれ独立した共同体をつくり、明治維新までつづくことになった。「平安貴族の死生観」で述べたように、この京都に住む人々が亡くなったらどこに葬られるかといえばおのずから周辺の適地になるが、その場所はおおよそは決まっている。天皇の御陵は別として、貴族の藤原氏は南の深草・木幡《こはた》、源氏の場合は西の仁和寺周辺というのが有名であるが、多くの京都の住民の葬送地といえばもう少し近いところ、東は鴨川を越えた鳥部野《とりべの》から大谷周辺、北は船岡山周辺の紫野《むらさきの》、その西の蓮台野《れんだいの》というのが相場であった。

葬列は当然、京都の市街部を出て墓所に向かうことになるが、市街から郊外へ出る口（つまり町はずれの出入口）はそのまま葬送地への入口にもなった。あの世への入口、すなわちこの場所はこの世とあの世の境界とも考えられるようになった。精神的な生と死の世界が、そのまま現実の空間に置き換えられたのである。またそうした境界の地は摩訶不思議な霊力をもつ場所でもあった。その典型が戻橋《もどりばし》（一条戻橋）である。

戻橋の伝説

現在の戻橋は一条通が堀川に架かる橋である。名まえの由来としては次のような話がある。文章博士《もんじょうはかせ》の三善清行《みよしきよゆき》（「あの世の伝達者」菅原道真の怨霊の節参照）が亡くなって、その葬列がちょうどこの橋に到ったとき、急を聞いて駆けつけ

図18　一条戻橋

てきた息子の浄蔵《じょうぞう》がちょうどこのところで出会う。浄蔵は修験の名人で、法観寺の五重塔（八坂の塔）が傾いたとき祈禱で元に戻した、といった伝説がある。京都の人は彼を山伏の祖先とし、尊んで「浄蔵貴所」とよんでいる。その浄蔵がその場で父の死を悲しんで一祈りすると、清行が生き返った。そこで「戻橋」というのだという（『撰集抄』）。京都の人はその伝説をたいせつにしていて、少し前まで、たとえば戦争にわが子を出すときは「戻る」ということばに縁起をかついで、ここから戦地へ送ったり、娘を嫁がせるときは、「戻る」を嫌って花嫁行列はこの橋を避けたりした。平凡なごくふつうのどこにでもあるような橋であるが、京都の人の生活のなかで親しまれてきた橋である。

その戻橋の歴史は古い。名まえが最初に出てくるのは、藤原行成《ゆきなり》の日記『権記《ごんき》』長徳四年（九九八）九月一日条で、行成は、鴨川堤の損壊のようすを検分するために、内裏から土御門《つちみかど》大路を東へ、万里小路《までのこうじ》を北へ、「戻橋路」から下鴨神社の西堤下に到った、というものである。「戻橋路」とあって戻橋そのものの記事ではないが、この記述をみると「戻橋路」は東西路のようにみえる。「戻橋路」の「戻橋」の名が堀川に架かる戻橋からきているとすると、すでにこのときには戻橋があったことになる。ただ、一条大路とはせずに「戻橋路」と書いているからには、戻橋は現在のように堀川の一条大路に架かるのではなかった、ということになる。

いっぽう左大臣藤原頼長《よりなが》の日記『台記《たいき》』久安六年（一一五〇）九月二十六日条では、この月の十六日に「一条堀川橋」で行わせた「橋占」の結果を報告させている。橋占は、橋上で出会った人から告げのことばをもらって行う占いの方法で、この「一条堀川橋」は一条戻橋のことだと考えてよいであろう。

少しのちのことであるが、浄土宗西山派を開いた証空《しょうくう》は、加賀権守源親季《ちかすえ》の子で、内大臣源（久我《こが》）通親《みちちか》公の猶子となったが、十四歳になって元服させようとしたときにそれをけっして受け入れようとしなかったので、両親は不審に思って「一条堀川」で橋占をした。そのときひとりの僧が法文を唱えて東から西へ渡ったので、前世の善根によるのだろうと悟って出家を許したという（『法然上人絵巻』）。

平安時代の人々にとって、戻橋は異界との境界にあって、占いをするような場所だったのである。

境界で起こる怪異

こうした境界ではしばしば怪異が起こるのであるが、渡辺綱《わたなべのつな》と名刀髭切《ひげきり》の話はよく知られている。『平家物語』剣の巻にみえるものである。

渡辺綱は、大江山の鬼退治で活躍する武士の棟梁源頼光《よりみつ》に仕える四天王のひとりとして知られる。主人の命令で一条大宮まで用事を言いつかっての帰り、戻橋の東詰に、美しい女房がただひとりで歩んでいるのに出会う。綱に声をかけて、自分は「五条わたり」に住むものであるが、夜も遅いので送ってほしい、という。綱は心やすく女房をかき抱いて馬に乗せ、堀川の東岸を南の方へ行くと、女房はほんとうは五条などには用事もない、といったかと思うと恐ろしい鬼の姿に変わって「自分の行く先は愛宕山《あたごやま》ぞ」というと同時に、綱のもとどりを摑んでそのまま北西の方へ飛んでいこうとする。綱は少しも慌てず、頼光から預かった名刀髭切を抜くと綱のもとどりを摑んでいた鬼の腕を切り落としたので、綱は北野社の廻廊の上に落ち、鬼はそのまま愛宕山へ飛んでいった、というのである。そののち、綱は頼光にこのことを報告し、陰陽師の安部晴明《あべのはるあき》から七日間の慎みを命じられるのであるが、六日目という日に養母が訪ねてきて綱に会いたいという。綱は慎みの最中なのではじめは断るのであるが、養母が恨み言をいうのでついに家の中に入れる。はたして養母は実は鬼で、鬼の腕が見たいというので綱が見せると、ついに正体を現して自分の腕を摑み、破風《はふ》の下を蹴破って虚空に飛び去った。鬚切の刀は、綱が鬼の腕を切ってから「鬼丸」と改名したという。

戻橋がこうした鬼の化身が出現するような怪しい場所として認識されるのも、ここが異界との境界だったからである。

現在の一条戻橋至近の西北に陰陽師安部晴明を祀る晴明《せいめい》神社があるのは、理由のないことではないだろう。社伝でこの地が安部晴明の邸宅跡であったとするのはおそらく付会で、実際はこれより東の土御門西洞院《にしのとういん》にあったといわれている。むしろ戻橋にある晴明の伝説のほうが先行していて、その由緒にしたがって神社が建立されたのであろう。というのは『源平盛衰記《げんぺいじょうすいき》』などによると、晴明は十二神将を式神《しきがみ》としてさまざまな自分の占いの用に使役していたのであるが、その式神はふだんこの橋の下に隠し置いたという。この橋での辻占というのは、実はこの式神が通る人に託して吉凶を語るのだともいっている。江戸時代の正徳元年（一七一一）の白慧《はくえ》が著した地誌『山州名跡志《さんしゅうめいせきし》』によると、先年の洪水で橋の下の土中から櫃のようなものの石の蓋が露出したのであるが、人々は恐れて土をかけて覆ったという。

おそらくは戻橋にまつわる晴明の霊譚がまず起こり、それを由緒にして付近に居住した下級陰陽師が自分たちの宗教活動に晴明の話を利用したのであろう。

先に紹介した『新猿楽記《しんさるがくき》』のなかに、稲荷祭の旅所《たびしょ》で滑稽な喜劇を施した芸人のひとりに「還橋の徳高《とくたか》」というものがいる。「還橋」は「戻橋」で、彼はこの付近に住む芸人であった。彼とともに紹介される芸人に「県井《あがたい》の先生《せんじょう》」とか「世尊寺《せそんじ》の堂達《どうたつ》」「阪上の菊正《きくまさ》」といったものがいて、京都の境界付近の地名を冠してよばれる役者がいたことが知られるが、「還橋の徳高」もまた戻橋という一種霊地のような場所において活動することがステータスであったのではないか。

出雲路道祖神社

戻橋が京都北部の街並の西の境界だとすると、東側はどのあたりになるだろうか。

西北から流れてくる賀茂川と東北から流れてくる高野川が合流するあたりは糺《ただす》河原《がわら》とよばれた（現在の出町柳。現在では高野川と合流する前の上流を「賀茂川」、合流してからの下流を「鴨川」と使い分けているが、平安時代は両字を通用する）。もともと文字どおりの河原地であったので「只洲」という意味であったが、下鴨神社が鎮座するので「糺」の字が当てられ、神社境内の森を糺の森という。この付近一帯は、古代出雲《いずも》郷といわれた地域である。正倉院文書のなかに神亀三年（七二六）のこの近辺の計帳（租庸の税を納めるための戸、人名、租税区分などを書いた基本台帳）が残っていて、平安京遷都以前から出雲氏という豪族が住んでいたことがわかっている。

糺の森の鴨川対岸（右岸）の堤防沿い一帯は、平安京からみると出雲郷に到る入口であるため出雲路とよばれている。その出雲路のもっとも南の平安京寄り、つまり平安京からみると東京極大路を少し北に行った付近に道祖神が祀られていた。のちの史料であるが、三条実躬《さんじようさねみ》の『実躬卿記《さねみきようき》』永仁三年（一二九五）五月十八日条によると、洪水で「出雲路川端小堂」の道祖神が流されたことを記しているから、もともと鴨川の岸辺にあった。これが出雲路道祖神《いずもじのさえのかみ》（塞神）である。『源平盛衰記』によると奥州名取郡笠島の道祖神はこの道祖神の娘であるという。道祖神は一般的に村はずれに祀られる境界の神で、外部からの悪霊が内に入らないように塞る《さえ》（塞き止める）ので塞《さえ》の神というのであるが、それが転じて「さいのかみ」となった。京都の人にとってこの出雲路の塞神が東側の境界であったらしく、京から出て下鴨神社やその北の上賀茂、鞍馬、またはまっすぐ東、大原の方へ行くときはこの道祖神社の前を通った。嘉禄二年（一二二六）十月六日の夜、この神社が火災になり、京極大路の南に住んでいた藤原定家《さだいえ》は、神社から自邸まで人家が建ち並んで空地がないので延焼しないかと恐れた（『明月記』）、というから、鎌倉時代には市街化が進んで社殿は街中になっていたらしい。

室町時代のことであるが、外記局《げききょく》の官人である中原康富《なかはらのやすとみ》が友人の山下親衛《ちかもり》と連れ立ってこの出雲路道祖神に参詣したところ、ひとりの女児を抱いた女が近づいてきてこの子の名を付けてほしいと頼まれた。山下親衛が神社にちなんで「道祖（さい）」と付けてやると、女はたいへん喜んで、近くの小宿に彼らを招いて馳走した、という。のちにこの女は細川野州《やしゅう》の被官人《ひかんにん》吉良《きら》の妾であることがわかった。出雲路道祖神では、そこで出会った参詣人に、誕生したわが子の名まえを付けてもらうという風習があったのであろう（『康富記』文安五年〈一四四八〉四月十五日条）。これは一条戻橋で出会った人に吉凶を尋ねる橋占と同趣で、町の境界はそうしたことにふさわしい神聖な場所だったのである。

この出雲路道祖神は現在もあって、今出川通北、寺町通西の幸神町《さいのかみちょう》に移転し、神社名も「幸神社《さいのかみしゃ》」と「幸」の字に改まっている。いつからこの字になったかはわからないが、「塞」から「幸」に変えることでより大衆向けの福徳・良縁の神へと変化したのであろう。

五条の橋

五条大路と松原通

京都の街並が南の方はどこまでつづいていたのかよくわからない。『源氏物語』では玉葛が京都に上ってきて、まず九条の商人宿のようなところに住むが、ほんとうに九条大路のような平安京の南端まで住宅が連なっていたかは疑わしい。平安京の七条の朱雀大路を挟んだ東西には、東市・西市という公設市場があって、それをとりまく外町では市に勤める市人《いちびと》・市女《いちめ》といわれる人が私的に交易をしていた。十世紀になると西市はさびれ、東市も実質的な公的業務は周辺の町に担われていたらしいし、商品が売買される店棚もそこにあった。「あの世の伝達者」の『新猿楽記《しんさるがくき》』のなかで見世物で賑わったのは稲荷旅所《たびしょ》の周辺であるが、その旅所は八条坊門猪熊《いのくま》の上中社旅所と七条油小路の下社旅所の二ヵ所であった。いずれもおよそ東市近辺になる。鎌倉時代の史料であるが、文暦元年（一二三四）八月三日に七条烏丸《からすま》辺で火災があった。藤原定家《さだいえ》はその日記に、このあたりは「土倉《どそう》」（金融業者）が数知れずあり、商店も充満している、天下の財貨はすべてこのところにある、それがすべて焼失してしまったが、翌日にはすぐにその再建がはじめられた、といっている。だから京都の町は七条あたりまでは家並みがあったと考えられる。

けれども、京都の人はこれより北の五条大路を南の境界と考える風潮がある。それは五条大路の特別な性格による。

京都では平安時代の一条大路から九条大路までの通りの名称と位置をほとんどそのまま踏襲していて、現在の一条通は平安時代の一条大路にほぼ該当するし、九条通は九条大路になる。ただ現在の五条通だけは平安京の六条坊門小路で、平安時代の五条大路はそれより二町北の松原通になる。それは豊臣秀吉が東山に建立した方広寺の参詣路として、鴨川に五条石橋という新しい橋が造られ、その西の延長上にある六条坊門小路が「五条石橋通」とよばれたのがはじまりだといわれている。以前の五条大路が松原通といわれるようになったのは、五条室町に新玉津島《にいたまつしま》神社という神社があって、その参詣路に松の木が植えられていたためという説がある。江戸時代まではこの通りを松原通とも以前のとおり五条通ともいっていた。

その五条大路（松原通）は京都の人々にとって特別の道であった。というのは、この道をまっすぐ東にとり、鴨川を越えるとそのまま清水寺に行く参詣路（清水坂）になり、その途中六波羅《ろくはら》あたりの辻（六道の辻という）を南へ、さらに東へ山のほうに行くと鳥部野《とりべの》（平安時代の鳥戸野）の葬送地に到るからである。つまり清水寺の参詣路であると同時に葬送路であったわけである。神性を帯びた道なのだが、その性格は五条大路全体に及んでいる。

五条道祖神社

五条大路と町尻小路の辻あたりに五条道祖神社《ごじょうのさいのかみしゃ》という小社がある（現在は新町通松原下ルに鎮座する）。『今昔物語集』には醍醐天皇のときの話として、この社に大きな柿の木があり、その木の上に仏が出現したという。京中の貴賤が尊んで参詣し、道路に参詣の群衆や牛車があふれかえった。それを光の大臣という人物が怪しんで正体を見極めようと出かける。柿の木の上の仏と長い間にらみあうと、ついに鳶の姿の天狗が正体を現す、という話である。天狗はもとより道祖神ではないが、この地が京都のいわゆる場末のような場所で、そこを選んで天狗も現れたのである。道祖神社はかなり古くからあるということになる。

藤原道綱《みちつな》の子で道命《どうみよう》阿闍梨《あじやり》という僧がいる。この人は説話では好色の僧都《そうず》としても扱われ、和泉式部と交渉をもったという。『宇治拾遺物語《うじしゆういものがたり》』に出てくる話であるが、彼が和泉式部のもとに泊まって関係をもったあと、そのまま法華経を読誦《どくじゆ》すると人の気配がする。誰かと尋ねると「私は五条西洞院《にしのとういん》の辺に住む翁でございます」と答えたという。「五条西洞院の辺」は先の五条道祖神社のある五条大路町尻と同じ地点を指し、この翁とは五条道祖神（「五条の斎《さい》」といっている）のことである。五条道祖神は法華経の読誦を感謝するのであるが、道命が常に法華経を読誦するのにどうして今日に限って来たのか、と尋ねると、いつもは尊くて梵天《ぼんてん》・帝釈天《たいしやくてん》などが聴聞され、自分のような身分のものは近づくことが叶わない。しかし今日は道命が不浄なので、梵天・帝釈天も聴聞されず、そのゆえに自分も参って聴くことができた、というのである。これをみると、五条道祖神は身分の一段低い、賤しい神と認識されていたらしい。

五条天神社と牛若丸

五条道祖神社より一町ばかり西、西洞院川を渡ったところに（当時は西洞院通に川が流れていた）五条天神社がある。五条天神の「天神」は「てんしん」と清音で読むのが習いで、道真を祀る「てんじん」とは区別してい

図19　五条天神社

る。能の「橋弁慶《はしべんけい》」でも「五条のてんしん」と発音している。明治前期までは五条天神社のことを「天使《てんし》」とも表記することがしばしばあり、明治の新聞の告知欄に、「天使社務所での謡の会」などとあるのは五条天神社の社務所のことである。この神社の一筋西を通る南北の細道を「天使の突き抜け」とよび、京都の珍しい地名のひとつになっているがこれも同様である（突き抜けは京都特有の道の呼び名で、条坊に由来する元来一町四方の区画の真ん中を文字どおり突き抜けた道のことである。江戸時代になって土地の有効利用のためにできた新しい道である）。

五条天神社は、『百錬抄《ひゃくれんしょう》』正治二年

（一二〇〇）四月二十五日条に位階が授けられているので、少なくとも鎌倉時代にはあった。『徒然草』に、天皇が病気になったとき、五条天神に靫《ゆき》を懸ける話が出てくる（二〇三段）。靫は中に矢を差し納めて背中に負う箱であるが、検非違使《けびいし》の下級役人である看督《かど》の長《おさ》が罪人の家宅の門口にその印として靫を懸ける。つまり五条天神は疫神と考えられていたため、天皇を病にしたことを罰して、病気の回復を祈るのであろう。

五条天神社は、中世以降、祇園社《ぎおんしゃ》の末社になる。とくに江戸時代には、節分の、除災のための白朮餅《おけらもち》が有名で、これは現在の八坂神社の白朮詣に伝統が引き継がれている。

五条道祖神社も五条天神社もけっして大きな神社ではない。民間で祀られたどちらかというと雑多な神であるが、五条大路沿いにはこうした神々の信仰と物語が生まれていた。

『義経記《ぎけいき》』は室町時代に成立した源義経の一代記であるが、平家の戦いで活躍する義経を中心に扱った『平家物語』とは違って、いわゆる判官贔屓《ほうがんびいき》のなかで理想化された牛若丸の幼年時代と、後半は静御前とのロマンに満ちた物語になっている。そのなかで、のちに義経の家来となる弁慶との出会いの場面がある。弁慶は太刀千本を奪うことを企て、夜な夜な京中に佇んで人の太刀を奪い、ついに九百九十九本になった。そこで五条天神へ参詣して、今夜の御利生《ごりしょう》によき太刀を与え給え、と祈念して堀川を南へ下がると、天神に参詣する人と見えて、笛を吹きながらやって来るものがいる。白い直垂《ひたたれ》に胸板の白い腹巻、黄金《こがね》作りの太刀をもったやさ男である。これが牛若、のちの義経で、弁慶は散々にもて遊ばれ、反対に自分の太刀を奪われ踏み歪められてしまう。弁慶は虚しくその夜は帰るのである。

次の日、悔しい想いの弁慶は、昨日の男は、今日は清水寺に参詣するであろうと踏んで、今度は清水寺で待ち受ける。はたして清水坂のあたりから笛の音が聞こえて、牛若がやって来る。堂内で二人は争うのであるが、やがて清水の舞台に移って闘うと、はじめは怖じけていた参詣の人々もおもしろがって見物する。けっきょく牛若が弁慶を散々に打ち付けて、自分の家来にした、というのである。

よく知られたおとぎ話の牛若丸の話とは若干相違するかもしれないが、おおよその筋立ては同じである。ただ『義経記』で特徴的なのは、牛若と弁慶の闘いが二日間にわたることである。一日目が五条天神社で二日目は清水寺であるが、注目したいのはこの両者は同じ五条大路に沿って所在する、ということであろう。物語作者が、弁慶に次の日牛若は清水寺にやって来るであろうと想像させた根拠は、私たちには理解しにくいが、当時の五条大路に対する観念からすれば、それほど不自然なことではなかった。

義経と弁慶の伝説についてはほかに、御伽草子《おとぎぞうし》の『弁慶物語』や能の「橋弁慶」がある。両者の内容はおおよそ同じであるが、義経と弁慶が闘うのは五条の橋になる。したがっておとぎ話を知っている私たちからすると、こちらの方がなじみがあるかもしれない。けれども話はなかなかそう簡単ではない。大きく違うのは、こちらの話が『義経記』の弁慶とは違って、牛若の方が千人斬りの誓願を立てたことになっている。はじめは源氏の仇敵を討つために平家のものを選んで斬っていたのであるが、平家に気配を悟られてのちは人を選ばず、五条の橋に待ち受けて京に上る男女を無差別に斬ったという、いささか乱暴な話になっている。さて、比叡山の西塔の僧弁慶は母の病気平癒のために五条の橋を通って五条天神へ参詣しようとするのであるが、五条の橋で天魔鬼神のような十二、三歳ばかりの幼いものが通る人々を斬っている、という噂を聞いて、いったんは行くのをとりやめようとする。けれども自分のような剛の者が恐れをなしてとりやめたと、人から言われるのも無念だと考え直して五条の橋に赴く。そこで牛若と出会って散々に打擲《ちょうちゃく》され、家来になるのはほぼ同じである。常識からいえば、弁慶の方がまっとうな人であろう。

五条の橋の千人斬り

　京都の人はこの五条の橋の伝説が好きで、京都の代表的な真夏の祭である祇園祭の山鉾《やまほこ》でも牛若丸と弁慶が五条の橋で闘っているところを人形に仕立てて「橋弁慶山」という風《ふ》流《りゅう》の出し物にしている。室町時代後期にできた能狂言の『鬮罪人《くじざいにん》』は当時の祇園祭の山の風流を知る重要な史料になっている。町人が今年の祇園祭の風流は何にしようかとみなで相談するのであるが、そのなかで「橋弁慶山」の趣向を「牛若と弁慶の人形を出《いだ》いて、五条の橋の千人切の所」といっているので、室町時代の京都の人の認識としても、牛若の千人斬りなのであった。

清水坂の賑わい

五条の橋はその名のとおり、五条大路末の鴨川に架かる橋である。先にも述べたように五条大路は現在の松原通なので、五条の橋の場所も松原通に架かる現在の松原橋の位置になる。現在の五条大橋は鴨川のこれよりひとつ南に架かる橋で、場所はここではない。鴨川以東の五条大路末は清水坂といい、清水寺への参詣路であった。そのため清水橋ともいわれ、架橋費用を清水寺の僧侶が勧進して集めたところから勧進橋の名もあった。

藤原道長の日記『御堂関白記《みどうかんぱくき》』長和二年（一〇一三）二月十八日条であるが、毎月十八日に盗人が出没するので、検非違使を遣わしている。十八日は観音の縁日で、清水寺の観音を参詣する人で賑わったようすがわかる。

また鳥部野（鳥戸野）の葬送地に行くのもこの橋を通らなければならなかった。清水坂の途中、珍皇寺《ちんのうじ》の門前の道を南にとると鳥部野に行くことができる。このためにこの周辺には菩提所として多くの寺院があった。市《いち》の聖《ひじり》といわれた空也は、人々のために荒野を開き、井戸を掘るといった社会活動をしながら念仏を勧めた浄土僧であるが、大般若経六百巻の書写を発願して、応和三年（九六三）にその功を遂げ、鴨川畔《ほとり》のこの地に堂を建て、これを供養した。法会には六百人もの僧が請ぜられ、左大臣藤原実頼《さねより》をはじめ諸人が結縁《けちえん》して集まった。昼は経典が講じられ、夜は万燈会《まんとうえ》が行われたという。この寺が西光寺《さいこうじ》であるが、空也の没後、中信《ちゅうしん》によって六波羅蜜寺《ろくはらみつじ》と改められ、現在も大和大路を松原通から少し南に行ったところに寺がある。よく知られた、口から六体の阿弥陀像が出ているさまを造形した空也像はこの寺の所蔵である。

そのほかにも空也と同じように浄土僧として知られる千観《せんかん》が創建したと伝える愛宕《おたぎ》念仏寺（愛宕寺）や、六道参りの珍皇寺などの有名な寺院だけでなく、多くの諸人の持仏堂や菩提寺も清水坂に面して建ち並んでいた。珍皇寺については次節でもう少し詳しく述べることになる。

また清水坂には、「坂の者」といわれる非人が集まったことも忘れてはならない。彼らは癩病《らいびょう》などの病を患って一般社会からは離れたところで集団生活し、神社などの清掃、皮革業などの仕事に従事した人たちで、後世人々から差別されることになった。

こうして清水坂は、清水寺の入口であり、葬送地の入口として、聖なる場所であった。五条の橋はそうした聖なる場所と京都の市街との境界にある冥界への入口であった。このような場所だからこそ、超人間的な力をもった牛若という魔物が出現したのである。常識的で道徳的な考えでは整理できない、巨大な力が働く場所として、五条の橋は魅力をもったのである。それはちょうど堀川に架かる一条戻橋《もどりばし》で三善清行《みよしきよゆき》が蘇生したのと同趣であった。

京都の盆行事

六道の辻

前節で述べたように、清水坂を上った途中の北側にある珍皇寺《ちんのうじ》の門前はかつて丁字路になっていて、そのまま東へ行くと清水寺、南の道をとると鳥部野《とりべの》の葬送地に到った（現在の珍皇寺門前にはこの丁字路はない）。この辻を「六道の辻」という。六道は、周知のとおり地獄・餓鬼・畜生・阿修羅・人間・天上の六つの道のことで、人間の業による迷いの世界であるが、ここでは死の世界への分岐点としてそのような名でよぶのであろう。能の「熊野《ゆや》」では「愛宕《おたぎ》の寺もうち過ぎぬ、六道の辻とかや、げに恐ろしやこの道は、冥土に通うなるものを」と謡われている（ここでいう「愛宕の寺」は珍皇寺の別称）。そのため、現代でも珍皇寺は「六道さん」とよばれて親しまれ、盂蘭盆《うらぼん》にこの寺に参る行事「六道参り」がある。

珍皇寺は、現在は「ちんのうじ」と訓んでいるが、平安時代の史料には「珍光寺」と記したものがあり、「ちんこうじ」とよんだ可能性が高い。承和三年（八三六）に山代淡海《やましろのおうみ》というものが国家鎮護所として建立し、東寺の末寺とした。山代淡海はこの地の豪族であろう。所領は寺地のある鳥部郷のみならず、同じ愛宕郡内の八坂郷や錦織郷《にしごりごう》にも及び、大きな勢力をもったらしい。

天永三年（一一一二）八月九日付けの「珍皇寺内諸堂注文」という文書は、寺院の築地内や東南西に接してあった多くの私堂のリストであるが、それは「左衛門大夫堂」「伴入道堂」「府生堂」など四十三筆にも及ぶ堂の記載で、いずれも下級官人や僧侶のほかに、女性、「大工」など職人の名まえがつけられている。葬送地鳥部野の入口であった珍皇寺の性格からして、亡くなった人の菩提を弔う個人の三昧堂《さんまいどう》が並び建っていたのである。珍皇寺の南には、のちに平氏の六波羅《ろくはら》邸が建立されるが、その基礎となったのは平清盛の祖父正盛《まさもり》のときで、天永三年に珍皇寺から六波羅の地を借用している。彼はこの地に常光院という寺院を建立したが、それは多くの私堂と同じ三昧堂の性格をもつと同時に、私財保管の倉の役割ももっていたはずである。

小野篁の伝説

珍皇寺といえば、小野篁《おののたかむら》の伝説も有名である。小野篁（八〇二～八五二）は平安前期の官人であり、文人でもある。遣唐使に派遣されたが難破して失敗し、さらに二回目の遣唐使のときも渡航に失敗した。承和五年（八三八）三度目の遣唐使派遣のとき、副使であった篁は、大使の藤原常嗣《つねつぐ》の専横を批判し、病と称して出仕しなかったので、嵯峨上皇の怒りを買い、隠岐島に流された。「百人一首」の「わたの原八十島かけて漕ぎ出でぬと　人には告げよ海人の釣船」はこのときの和歌である。のち許されて本位に復され、参議《さんぎ》にまで昇進している。直情径行で妥協を許さぬ反骨の気概をもっていたため「野狂」という異名をもらった。そのため多くの伝説ができるのだが、この寺の篁伝説もそのひとつである。

その伝説によると、小野篁がこの寺を建立したといい、閻魔大王の化身とか閻魔庁第二の冥官であったというものである。そのために彼はこの寺を通って現世と地獄との間を往き来したという。正徳四年（一七一四）刊行の京都案内書『都名所車《みやこめいしょぐるま》』によると、篁がこの寺にある桜の木に馬をつなぐとその姿が消えて冥界に赴くのだという。釈白慧《しゃくはくえ》は、古老から寺の藪の中に篁が地獄へ通った通路があったが今はない、という話を聞きとってその著『山州名跡志《さんしゅうめいせきし》』（正徳元年）に記した。また現在の寺内には井戸があり、篁はその

図20　六道参り

井戸から地獄に通ったという。

京都では現在も、盂蘭盆に先立つ八月の初旬に「精霊迎《しょうりょうむかえ》」といって珍皇寺に先祖の霊を迎えに行く風習がある。これを「六道参り」という。境内はふだんはひっそりとしているのであるが、この日ばかりは多くの参詣人で賑わう。参道には槙《まき》の葉を売る屋台の店が立ち並び、人々はこれを買い求める。槙の葉に「お精霊《しょうらい》さん」（先祖の霊）を載せて家に持ち帰り、仏壇に祀るのである。境内は、本堂の前に臨時の奉納所が設けられ、閻魔堂は戸が開け放たれて、閻魔大王とその従者の十王像、それに束帯姿の小野篁像が公開されたり、かつては恐ろしい地獄絵や寺の霊験の風景を描いた曼陀羅《まんだら》（珍皇寺曼陀羅）も掛けられたりした。順路にしたがって参拝するのであるが、まずは迎え鐘を撞く。この鐘は『今昔物語集』などによると、小野篁（または開基の慶《きよう》俊僧都《しゆんそうず》）が、人の撞くことなく勝手に鳴る鐘を鋳させたのであるが、鋳てから土の中に三年きっちりと埋めておけ、というのが待ちきれず、一日前に掘り出したので鳴らなくなった、という謂われがある。ふつうの綱を引いた反動で撞木《しゆもく》を鐘に打ちつける撞き鐘ではなく、綱を手前へ引くことで鐘が鳴る仕組みになっていて、これは「迎える」という意味があるそうである。さらに、水塔婆《みずとうば》に戒名を書いてもらって水に流して供養し、先の槙の葉を家に持ち帰るのである。

　こうした現在のような六道参りの風習がいつはじまったかはよくわからない。けれども江戸時代の地誌類には、すでに槙の葉に精霊を載せて家に持ち帰ることが記されている。

盂蘭盆の由来

　盂蘭盆、いわゆる「お盆」は、日本人にとって正月とともに重要な年中行事のひとつで、今でも全国各地で少しずつかたちを変えながら行われている。現在では八月十五日を中心に行われるが、かつての旧暦では七月十五日であった。この日、祖先の霊はあの世からこの世に帰ってくる。それを各家で迎え、お祭りしてふたたびあの世に送るのである。仏説盂蘭盆経という経典に、釈迦十大弟子のひとりである目《もく》蓮《れん》が、餓鬼道に落ちた母親を助けるために、釈迦の教えに従って七月十五日の自恣《じし》の日に百味《ひやくみ》の飲食《おんじき》を十方衆僧に供養し、その力にすがったことにはじまる法会という。しかし実際はこの経典は後から作られたもので、もともとわが国で古来行われていた、一年のちょうど半分にあたっての季節祭、祖霊に対する感謝祭が、インド・中国で仏教化していた同種の行事と結びついて成立したものらしい。

すでに天武天皇のときに盂蘭盆会が行われた記録がある。平安時代には藤原道長邸で家としての盂蘭盆会があったり、法成寺《ほうじようじ》でも盂蘭盆講を催しているが、目立った記事ではない。むしろ現在と同じような盆行事が盛んに史料にみえるのは室町時代になってからのことで、諸日記に墓参のこと、各家での盆供のこと、あるいは寺院における施餓鬼《せがき》のことがみえるようになる。たとえば外記《げき》家の中原師郷《なかはらもろさと》は、永享十一年（一四三九）七月十四日、盂蘭盆のために祖先の墓のある霊山《りようぜん》に参ったあと、六道珍皇寺に詣でている。珍皇寺は墓所ではないが、祖霊が供養されるような三昧所であった。

千本閻魔堂

珍皇寺は現在、京都の下京《しもぎよう》の人々が参詣する場所であるが、北部上京《かみぎよう》の人々にとっても同様の性格をもった寺がある。戻橋《もどりばし》を西に渡りしばらく行くと朱雀大路になる。かつては平安京のメインストリートであったが、平安時代中期以降は市街部の西のはずれで、室町時代には千本通という名まえになる。千本の名まえの由来はいまひとつわからないが、一説にこのあたりに卒塔婆がたくさん立っていたからという。この千本通を真っ直ぐ北に行くと、道はゆっくりと西へと弓なりの坂道になり、山を越えると丹波国に到る。中世にはその道を形状のまま「長坂」といった。その長坂の手前、船岡山の西辺を蓮台野《れんだいの》といい、さらにその東、船岡山を北にまわったあたりが紫野《むらさきの》で、ともに代表的な京都の上辺の人たちの葬送地であった。

その蓮台野の手前にある寺が引接寺《いんじようじ》である。一般には「千本閻魔堂《せんぼんえんまどう》」の名で知られ、閻魔大王を祀る。寺伝によると、浄土教を広めた源信《げんしん》の弟子定覚《じようかく》上人が、寛仁年中（一〇一七〜二一）に創建したという。平安時代の記録はないのでよくわからないが、実際に記録に頻繁に出てくるのは室町時代になってからである。しかもそれは春の大念仏会という行事に関してである。大念仏というのは鉦を敲きながら念仏を唱えて踊るのであるが、のちには曲芸的な芸や演劇性のある内容のものになった。それで大念仏狂言ともいう。京都では鎌倉時代に起源をもつこうした大念仏がいくつかあって、有名なのは嵯峨の清凉《せいりよう》寺《じ》のものと壬生寺《みぶでら》、それにこの千本閻魔堂のものであるが、清凉寺と壬生寺の大念仏は無言劇で、ここのは台詞を伴うという特徴をもっている。大念仏会が行われる三月は、ちょうど桜の咲く季節で、この寺の桜は「普賢桜《ふげんざくら》」として有名であった。それで室町時代の日記には、たびたびこの普賢桜の見物を兼ねて大念仏会に参詣する記事がみえるのである。大念仏狂言の演目のなかに「えんま庁」というのがあって、狩野永徳《かのうえいとく》筆といわれる上杉本「洛中洛外図屏風」に描かれた千本閻魔堂の場面でも、舞台でこの演目が演じられているところが描かれている。当時から閻魔堂の狂言といえば閻魔だったのである。

この寺における精霊迎については史料が少ないのでよくわからない。珍皇寺から比べると比較的新しいものであろう。しかし、閻魔大王の信仰があることや、葬送地の入口にあることなど、珍皇寺との類似点は多い。江戸時代になって、下辺の珍皇寺に対して上辺の引接寺が同じような性格をもち、とくに京都北部に居住する人々に対して、祖霊を迎える三昧所の役割を担うようになったものであろう。

現在、京都では、こうして各家に迎えられた精霊は、数日間生きている人と同じく食事を供され、仏壇に祀られたのち、十六日の夜、市街を囲む五つの山に灯される、大文字・妙法・舟形・左大文字・鳥居形のいわゆる「五山の送り火」に送られて、彼岸へと帰って行くことになる。

「異界」と「魔界」

近年、とくにオカルト風の小説やマンガ、アニメなどの映像の影響もあって、京都の境界がその舞台として注目されている。いわゆる魔界ブームである。ここでとりあげたいくつかの境界はその代表的なものである。けれども、それはたしかに市中の日常と郊外の非日常との境界で、不思議な事件が起こる「異界」の場所であることはまちがいないと思うが、それは「魔界」ではない。そこは町中で生活している人々にとっての非日常への入口であり、畏怖と畏敬の場所ではあるけれども、実際はもっと親近感のある健全で安穏の場所であったように思う。

豊かな精神文化――エピローグ

供養に集まる人々

平安後期の絵巻『餓鬼草紙《がきぞうし》』は、餓鬼道に墜ちて苦しむ餓鬼の姿を描いたもので、その描写力が優れていることで知られている。現在は散逸して短くなった巻子や断簡の状態で残っているが、そのうち京都国立博物館所蔵のものに、都市民が菩提所の卒塔婆に参り、そのもとに水を掛けて死者を供養している場面がある。木製の飾り屋根を付け、三尊仏が描かれたりっぱな塔婆のもとに、人々が曲物《まげもの》の手桶から水を流している場面である。周囲ではそのこぼれた水を人には見えない餓鬼たちが啜っている。画面の右手に目を移すと門があって多くの男女が出入りするのは参詣人であろう。門の両側の塀沿いには、地面に莫蓙《ござ》を敷いて仏画を並べたり、口を大きく開けて

京都国立博物館所蔵，出典：ColBase）

図21　菩提所に参る人たち（『餓鬼草紙』より）

経を唱えながら何かを売っている老尼などの姿も見える。それを参詣の人々が覗き込んで買い求めている。

画家の筆は確かで、餓鬼のおぞましさもさることながら、供養のため集まる人々、それを目当てに物を売る人、そしてさらにそれを覗き込む人々、いずれもその生命力あふれる表情に感心させられる。菩提所は弔いの場であると同時に、現実に生きている人の社交の場であることを遺憾なく表現している。そしてそれは、たとえば「異界との境界」で紹介した、現在も珍皇寺《ちんのうじ》などで行われるお盆の精霊迎《しょうりようむか》えのような場面を想像させる。とくに餓鬼が水を啜るのは施餓鬼《せがき》を思わせ、参詣人が手桶の水を流すのは回向《えこう》（手向《たむ》け）なのであろう。菩提を弔う場所は、同時に多くの人々で賑わう場所でもあった。

現代のような盂蘭盆《うらぼん》行事がいつはじまったかはよくわからないが、祖霊は年に二回、現世の子孫のもとに帰ってくる。正月とお盆である。そして子孫から供物を受け、歓待されてふたたび帰って行く。ところが中世には、饗応されるのは祖霊だけではなく、生きている両親に対してもなされた。これを「生御魂《いきみたま》」とか「盆の祝」といって、嫁いだり、寺に入ったりしたものも含めて、すべての子どもたちが実家にやってきて、みなでご馳走を食べる。「盆の魚」といって日本海から運ばれてきた鯖などを食べるのである。鎌倉時代の歌人として有名な藤原定家《さだいえ》は、その日記『明月記《めいげつき》』に「俗習」として父母のある人は「魚食」をする（天福元年〈一二三三〉七月十四日条）、といっている。定家自身は、これに従わず、この日は経を読んだが、この風習は鎌倉時代からあったようである。私たちは、お盆というと精進で肉食を避ける、と思いがちであるが、それは盂蘭盆が仏教行事のなかにとり込まれてそのようになったもので、本来の「魂祭《たま》り」としては、祖霊に魚を供し、家族も集まって歓談したのである。

この風習は、現代でも「お盆休み」として多くの人が一年に一度、実家に帰る全国的な習慣として残っている。たとえ、死者に対する意識が希薄になって、それが長期休暇と同義語になっても、歴史的な背景としては祖先への弔い（死者との交流）という事実があった。

京都のお盆は八月十六日の五山送り火、いわゆる「大文字」で終わりを告げるのであるが、京都の人たちはこれが「大文字焼き」とよばれるのを嫌う。それは「大文字」が精霊のための「送り火」であって、見世物の山焼きではないからである。現在行われる「大文字」をはじめとする五山送り火には、多くの観光客が集まり、実質的に観光資源になっている。けれども、五山の麓にある寺院では現在も送り火のための供養が行われている。

祇園祭の山鉾

現代では、生と死の間は隔絶されたものとして、両者の間を往来することはできない、というのは当然のことである。それは科学的な知識を待つまでもなく、常識の範囲であろう。したがって平安時代の生と死が交流するというのはありえないのであるが、当時の人々が思った「生と死の交流」を前提にして、さまざまな文化が生まれ、社会のしくみを作ってきた、というのもまた事実である。

こうした例はほかにもたくさんある。京都の代表的な夏の祭である祇園祭は、江戸時代まで祇園御霊会《ごりょうえ》とよばれ、平安時代の御霊会に起源をもつ祭礼である。現在の祇園祭は、山と鉾《ほこ》とよばれる豪華な織物と彫り物で飾られた山車《だし》や舁物《かきもの》が、その上に故事や物語の人形を乗せて市中を車で曳いたり舁《か》き歩いたりする、というのが一番の見所になっている。けれどもほんとうはそれとは別に、祭神を乗せた三基の神輿《みこし》が市中の旅所《たびしょ》にやって来てしばらく祀られる。こちらのほうが本来のもので、祭礼の中核である。神輿に乗った神は牛《ご》頭天王《ずてんのう》という疫神で、平安時代の神泉苑の御霊会のような個人の御霊ではなくなってしまっている。現在の祇園祭はこうしてもともとの御霊からはかなり離れてしまっていて、神輿や山鉾をみただけではどのように御霊とつながるのかが即座にはわからない。しかし、もともと御霊会では、御霊を楽しませるためにさまざまな芸能が行われていた。山鉾もそうした芸能のひとつであった。つまり御霊を奉賛して巨大な作り物を作り、仮装を伴った「囃子物」をして神を慰め楽しませると同時に、祀る人もともに楽しんだのである。そうした意味では、祇園祭の豪華な飾りつけの山鉾もまた、死者である御霊を前提にしてはじめて成立している、といえる。

現代への遺産

　現存する平安時代の文化財の多くが寺院に所蔵されているのは理由のないことではない。仏像彫刻や仏画、祖師や創建者の影像といった肖像画、経巻や経箱、法具といったもとより寺院における信仰対象や什物《じゅうぶつ》などは当然であるが、ほかにも寺院は戦乱や火災に対して比較的安全な場所であったから、皇室や貴族から貴重品が預けられることも多かった。東山七条の蓮華《れんげ》王院《おういん》（三十三間堂）の宝蔵には、後白河法皇が藤原（常磐《ときわ》）光長《みつなが》らに描かせた『年中行事《ねんじゅうぎょうじ》絵巻《えまき》』や紀貫之《きのつらゆき》自筆の『土佐日記』原本が保管されていた。残念ながら『年中行事絵巻』も『土佐日記』も焼失して現存しないが、『年中行事絵巻』はそのいくつかの場面が江戸時代に写されて残っており、平安時代の宮廷行事や風俗を知る重要な史料になっているし、『土佐日記』自筆本のほうも藤原定家とその子為家《ためいえ》が写した本がそれぞれ残っている。

　それ以上に本書のテーマにとって重要なのは、亡くなった人のために遺族がゆかりの品物を寺院に施入する、ということである。現在京都国立博物館と大東急記念文庫が所蔵する「白描《はくびょう》絵《え》料紙《りょうし》理趣経《りしゅきょう》」は、未完成の墨線による絵巻の下絵の上に金光明経《こんこうみょうきょう》などを書写したもので、人物の顔にまだ目が描き入れられていないために「目《め》無経《なしきょう》」という名で知られている。かつて醍醐寺に伝来し、絵巻の制作過程がわかるだけでなく、描線の美しい絵巻として知られている。奥書によると物語の絵巻を作成する途中で、後白河法皇が亡くなったので、絵巻の制作を中止し、それを料紙としてその上に経典を書写し、法皇を追善供養したものである。

こうした故人の追善のために寺院に寄進され、現代まで文化財として伝来した例も数多くある。そうしてみると平安時代の生と死の関わり方は、日本の文化財の保存と継承の問題にも関わっている。

いくつかの例をあげたが、平安時代の生と死の交流から派生したさまざまな文化は、建築・彫刻・絵画・工芸品といった具体的な作品のみならず、文学、祭礼、行事、習慣、あるいは経済にいたるまで、現代の私たちにも遺産としてあらゆる局面で受け継がれていて、日本の社会の大きな根底になっているように思う。

本書は『平安京の生と死』という書名であるが、「死」のほうではなくむしろ「生」のほうに重きを置いている。それは死者との交流を通して現実に生きる平安時代の人の生活と文化をみてみようと思ったからである。

あとがき

平安時代といっても四百年もあるから、一口に平安時代の生と死といっても、その間に生と死の考えは少しずつ変わっている。けれどもおおよそ時代を通しての基調というものは考えられる。本書では平安時代の真ん中に書かれた『源氏物語』の時代あたりを一応の基準としている。『源氏物語』の内容を紹介しながら話を進めたのもそんなところによっている。けれども『源氏物語』をとりあげたのはそれだけの理由ではない。

私は歴史学者であるが、研究にあたって物語をよく利用する。『源氏物語』の「蛍」の巻に有名な物語論があって、「日本紀」などの歴史書は「片そばぞかし」（片鱗にすぎない）、物語にこそ人間の本質が書かれている、といっている。人間の感情がつき起こす運命だとか人生だとかを言っているのであろうか。

私が物語に魅力を感じるのはそれともちょっと違う。もとより『宇津保物語』や『源氏物語』はフィクションであって史実ではない。けれども作者が作品に登場させた人物は、当時の社会背景のなかで行動し、その自然な生活態度や感覚は、彼らにとってはあたりまえかもしれないが、私たち現代人の眼からみれば、新鮮で驚かされることがたくさんある。私はそんなところに興味をもっている。

私は同じようにして、人の書いた日記にも関心をもっている。女性のかな日記とは別に、男性が漢字で書いた日記が多く残されている。それは主として、子孫のために先例を記録しておくためのものであったが、そうした冷静な記録のなかで、思わぬ事件に触発されて筆が動いたり、感情を吐露したりすることがある。そうした巧まぬ記事には、嘘のない真実がある。よく歴史学の史料といえば『日本書紀』とか『吾妻鏡』といった公的な書物がその代表のように思われるが、あれは特定の立場の人間の意図で編纂されたものである。それに反して日記は、日々脈絡なくその日起こったことを書くのだから、そのことばは正直な感想であろう。

私はそんな史料をもっと多くの人にも読んでほしいと思っている。それで本書でも、多くの史料を紹介した。口はばったいけれども、史料に歴史を語らせる、というのが、私の歴史に対する基本的な態度である。けれども問題がある。それは簡単にいうと史料がむかしのことばで書かれている、ということである。くずし字とか候文や漢文で書かれていたりする。けれども一番大きな問題は言い回しであろうか。ちょっと前までは映画やテレビの時代劇に昔の言い回しが残っていたが、いまやテレビの歴史物はトレンディー・ドラマである。私たちのことば遣いと史料のことば遣いとのギャップがますます広がった。それは無理からぬところもあると思う。そこで一般読者に向けた本書では、史料は基本的にすべて現代語に訳した。そのために、意味が通るようにかなり解釈を加えた訳になったところがある。正確を期したつもりではあるが、私の勘違いで誤訳があるかもしれない。逃げ口上ではないが、興味をもたれた方は、ぜひ原文に挑戦していただきたい。

本書の成稿にあたっては多くの研究者の著作を参考にさせていただいた。本文では十分に言及できなかった。お許しを願いたい。私ごとで恐縮であるが、妻の滋子はいつも私を応援してくれている。今回は一般向けの本ということもあって、すべてに目を通してもらって、わかりにくい点を指摘してもらった。この場を借りてお礼を言いたい。

令和六年一月

五島邦治

参考文献

玉上琢彌校注・訳『源氏物語』（全十冊）（角川文庫）角川書店、一九六四〜一九七五年
槙野廣造『平安人名辞典—長保二年—』高科書店、一九九三年
山中裕・秋山虔・池田尚隆・福長進校注・訳『栄花物語』（全三冊）（新編日本古典文学全集）小学館、一九九五〜一九九八年
中野幸一校注・訳『うつほ物語』（全三冊）（新編日本古典文学全集）小学館、一九九九〜二〇〇二年
柳井滋・室伏信助・大朝雄二・鈴木日出男・藤井貞和・今西祐一郎校注『源氏物語』（全九冊）（岩波文庫）岩波書店、二〇一七〜二〇二一年

平安貴族の死生観

宮内庁書陵部陵墓調査室他「後白河天皇法住寺陵の御像に関する調査報告」（『書陵部紀要』第二〇号、一九六八年）
高取正男『神道の成立』平凡社、一九七九年
田中久夫『氏神信仰と祖先祭祀』名著出版、一九九一年
清水　擴「古代天皇の葬法と建築」（『平安時代仏教建築史の研究—浄土教建築を中心に—』中央公論美術出版、一九九二年）

宇治市教育委員会『木幡浄妙寺跡発掘調査報告』（宇治市文化財調査報告第4冊）宇治市、一九九二年
西山良平「〈陵寺〉の誕生―嘉祥寺再考―」（大山喬平教授退官記念会編『日本国家の史的特質　古代・中世』思文閣出版、一九九七年）
栗原　弘「藤原道長家族の葬送について」（『名古屋文理大学紀要』五、二〇〇五年）
朧谷　寿『平安王朝の葬送―死・入棺・埋骨―』思文閣出版、二〇一六年

御霊と疫病

高取正男「御霊会の成立と初期平安京の住民」（『京都大学読史会五十年記念国史論集』京都大学読史会、一九五八年、のち同『民間信仰史の研究』法蔵館、一九八二年、に所収）
秋宗康子「保証刀禰について」（『史林』四四巻四号、一九六一年）
柴田　実「祇園御霊会―その成立と意義―」（『中世庶民信仰の研究』角川書店、一九六六年）
五味文彦「使庁の構成と幕府―一二～一四世紀の洛中支配―」（『歴史学研究』三九二号、一九七三年）
森田　悌「平安中期左右衛門府の考察」（『平安時代政治史研究』吉川弘文館、一九七八年）
瀬田勝哉「中世祇園会の一考察―馬上役制をめぐって―」（『日本史研究』二〇〇号、一九七九年）
丹生谷哲一『検非違使―中世のけがれと権力―』平凡社、一九八六年
五島邦治「都城の祭祀―新京の住民の不安が生み出したもの―」（村井康彦編『京都の歴史と文化1　雅―王朝の原像―』講談社、一九九四年）
五島邦治『京都町共同体成立史の研究』岩田書院、二〇〇四年

大江　篤『日本古代の神と霊』臨川書店、二〇〇七年

浄土へのあこがれ

石田瑞麿校注「『往生要集』の思想史的意義」（『源信』〈日本思想大系〉岩波書店、一九七〇年）
井上光貞・大曾根章介校注『往生伝　法華験記』（日本思想大系）岩波書店、一九七四年
三宅敏之「奈良国立博物館編『経塚遺宝』」（『考古学雑誌』六三巻四号、一九七七年）
宇野茂樹『日本の仏像と仏師たち』雄山閣、一九八二年
井上光貞『日本浄土教成立史の研究』（井上光貞著作集第七巻）岩波書店、一九八五年
京都国立博物館編『京都国立博物館寄託の名宝「美を守り、美を伝える」』京都国立博物館、二〇一九年

あの世の伝達者

西田長男「北野天満宮の創建」（西田長男『神社の歴史的研究』塙書房、一九六六年）
川口久雄訳注『新猿楽記』（東洋文庫）平凡社、一九八三年
藤原克己「天神信仰を支えたもの」（『国語と国文学』六七巻一一号、一九九〇年）
真壁俊信『天神信仰史の研究』続群書類従完成会、一九九四年
『北野天神縁起（承久本）完全復刻本』解説、東京新聞、二〇〇一年
五島邦治「北野巫女「あやこ」と多治比奇子―天満宮創建功労者の系譜―」（『芸能史研究』一九六号、

二〇一二年）
佐々木創「北野宮寺法花堂供僧の設置―法螺を喜ぶ北野天神のために―」（瀬田勝哉編『変貌する北野天満宮―中世後期の神仏の世界―』平凡社、二〇一五年）

異界との境界

林屋辰三郎『町衆―京都における「市民」形成史―』中央公論社、一九六四年
京都市編『近世の胎動』（京都の歴史3）学芸書林、一九六八年
川嶋将生『町衆のまち　京』柳原書店、一九七六年
『京都市の地名』（日本歴史地名大系二七）平凡社、一九七九年
古代学協会『平安京左京八条三坊二町』（『平安京跡研究調査報告』六）一九八三年
五島邦治「地名の由来4―御利益のある名まえ替え―」（『京都消防』八七―一、一九八七年）
五島邦治「室町時代の公家日記にみる年中行事―七月の盆行事を中心に―」（『尋源』三八号、一九八八年）

著者紹介

一九五二年、京都府に生まれる
一九八六年、大谷大学大学院文学研究科博士後期課程満期退学（単位取得）
元京都芸術大学大学院教授
現在、歴史古文書塾「往還塾」主宰

〔主要編著書〕

『京都　町共同体成立史の研究』（岩田書院、二〇〇四年）
『京都の歴史がわかる事典—読む・知る・愉しむ—』（編、日本実業出版社、二〇〇五年）
『源氏物語と京都　六條院へ出かけよう』（監修、光村推古書院、二〇〇五年）
『菅原道真の史跡をめぐる』（淡交社、二〇一九年）
『はじめて学ぶ芸術の教科書　京都の歴史』（編、藝術学舎、二〇一四年）

歴史文化ライブラリー
593

平安京の生と死
祓い、告げ、祭り

二〇二四年（令和六）五月一日　第一刷発行

著　者　五《ご》島《しま》邦《くに》治《はる》
発行者　吉川道郎
発行所　株式会社　吉川弘文館
東京都文京区本郷七丁目二番八号
郵便番号一一三—〇〇三三
電話〇三—三八一三—九一五一〈代表〉
振替口座〇〇一〇〇—五—二四四
https://www.yoshikawa-k.co.jp/

印刷＝株式会社　平文社
製本＝ナショナル製本協同組合
装幀＝清水良洋・宮崎萌美

ISBN978-4-642-05993-0

歴史文化ライブラリー

1996.10

刊行のことば

現今の日本および国際社会は、さまざまな面で大変動の時代を迎えておりますが、近づきつつある二十一世紀は人類史の到達点として、物質的な繁栄のみならず文化や自然・社会環境を謳歌できる平和な社会でなければなりません。しかしながら高度成長・技術革新にともなう急激な変貌は「自己本位な刹那主義」の風潮を生みだし、先人が築いてきた歴史や文化に学ぶ余裕もなく、いまだ明るい人類の将来が展望できていないようにも見えます。

このような状況を踏まえ、よりよい二十一世紀社会を築くために、人類誕生から現在に至る「人類の遺産・教訓」としてのあらゆる分野の歴史と文化を「歴史文化ライブラリー」として刊行することといたしました。

小社は、安政四年(一八五七)の創業以来、一貫して歴史学を中心とした専門出版社として書籍を刊行しつづけてまいりました。その経験を生かし、学問成果にもとづいた本叢書を刊行し社会的要請に応えて行きたいと考えております。

現代は、マスメディアが発達した高度情報化社会といわれますが、私どもはあくまでも活字を主体とした出版こそ、ものの本質を考える基礎と信じ、本叢書をとおして社会に訴えてまいりたいと思います。これから生まれでる一冊一冊が、それぞれの読者を知的冒険の旅へと誘い、希望に満ちた人類の未来を構築する糧となれば幸いです。

吉川弘文館